ग्रेट इंडियन आर्मी हिरो हिंन्दी

मनोज डोळे

भारतीय सेना का विशिष्ट इतिहास दस हजार वर्ष से भी अधिक पुराना है। दो महान महाकाव्य 'रामायण' और 'महाभारत' बुनियादी ढाँचे हैं जिनके चारों ओर भारतीय सेना का भवन बना है। उत्तर-मध्य भारत के कुरुक्षेत्र में लड़े गए महायुद्ध 'महाभारत' ने भारतीय मानस पर अमिट छाप छोड़ी है। शांति की खोज में अठारह दिनों की अथक लड़ाई, महाकाव्य में वर्णित शक्ति स्तर पर लगभग 400,000 रथों, घोड़ों, हाथियों और 18 'अक्षौनी', 'पांडवों के साथ सात' और 'कौरवों के साथ ग्यारह' के पैदल सैनिकों की विभिन्न सेनाएँ।

हालाँकि उसके बाद कई युद्ध लड़े गए, अधिकांश युद्ध सार्वभौमिक शांति और 'धर्म' की खोज में थे। हथियारों का सहारा तभी लिया गया जब शांति को खतरा था। वास्तव में 'शांति' शब्द भारतीय दर्शन के मूल में है, जिसे भारत के प्राचीन ग्रंथों में से एक 'यजुर्वेद' के नाम से जाना जाता है। यह श्लोक में कहा गया है, जिसका अंग्रेजी अनुवाद है - "आकाश शांतिपूर्ण हो; वातावरण शांत होना चाहिए; पृथ्वी स्थिर हो जाए; हम पर अनंत शांति बनी रहे।"

भारत का पुरातात्विक इतिहास 2500 ईसा पूर्व से भी पहले का है, जब उत्तर-पश्चिमी मैदानी इलाकों में सिंधु नदी के किनारे सिंधु सभ्यता के रूप में जानी जाने वाली एक सभ्य सभ्यता विकसित हुई थी। इसी तरह के निष्कर्ष हाल ही में तटीय गुजरात के तटीय शहरों लोथल और द्वारका में सामने आए थे। हालांकि, मोहनजोदड़ो और हड़प्पा में सिंधु घाटी सभ्यता के दो शहरी केंद्र धीरे-धीरे दूसरी सहस्राब्दी ईसा पूर्व में कम हो गए और नदियों के सूखने और सूखे जैसे पर्यावरणीय कारकों के कारण लगभग 1500 ईसा पूर्व लगभग पूरी तरह से विघटित हो गए। बाढ़ ने तटीय शहरों को नष्ट कर दिया।

इस तरह की सभ्यताएँ धीरे-धीरे नष्ट हो गईं, हिंदू कुश पहाड़ों के माध्यम से उत्तर-पश्चिम आक्रमण मार्ग सदियों तक कमजोर रहा,

और धीरे-धीरे कई लोग और जनजातियाँ बेहतर आर्थिक संभावनाओं के लिए पार करने में कामयाब रहीं। भारत का सैन्य इतिहास 6वीं शताब्दी ईसा पूर्व का है, जिसमें कुछ अधिक युद्ध जैसी शक्तियां भी शामिल हैं, जिसमें हाल के कई ऐतिहासिक निष्कर्ष भारतीय उपमहाद्वीप में एशियाई-यूरोपीय या आर्यों के आक्रमण का खंडन करते हैं। फारसी, यूनानी, तुर्क, हूण, मंगोल आदि उत्तर-पश्चिम मार्ग से भारत के अधिक उपजाऊ और जलोढ़ मैदानों में चले गए।

हालांकि आक्रमणकारी सेनाओं के बीच शुरुआती संघर्षों के बारे में बहुत कम विवरण उपलब्ध हैं, सबूत बताते हैं कि कुछ आक्रमणकारियों ने धीरे-धीरे पश्चिमी भारत पर कब्जा कर लिया और भारत-गंगा के मैदान पर अपनी पकड़ मजबूत कर ली, इस प्रक्रिया में कई स्थानीय आदिवासी राज्यों पर कब्जा कर लिया। युद्ध उनकी आगे दक्षिण की ओर प्रगति विंध्य पर्वत के जंगलों द्वारा आम तौर पर रोक दी गई थी। इसके अलावा, पश्चिमी तट और दक्कन के पठार के हिस्से पहाड़ी और विरल थे - लोगों के महत्वपूर्ण शारीरिक संचलन के लिए अनुपयुक्त। हालांकि, इस विशाल क्षेत्र ने मराठों जैसे ढीले लड़ाई वाले योद्धाओं द्वारा आक्रमण के प्रतिरोध के लिए अनुकूल रूप से खुद को उधार दिया, जो बाद में एक ताकत बन गए। भारत में युद्ध के लिए एक और प्रमुख पूर्व शर्त थी और अभी भी मौसम है। जून और सितंबर के बीच मानसून ने सेना की आवाजाही को लगभग असंभव बना दिया था। चुनाव प्रचार के लिए सबसे अच्छा मौसम हमेशा अक्टूबर और नवंबर होता था, जब फसलें पक जाती थीं, वनस्पति हरी हो जाती थी, और देश में बाहर रहना संभव हो जाता था।

विदेशी आक्रमणों के बीच, उत्तरी युद्ध राजाओं और रईसों का खेल बन गया, और शायद ही कभी अस्तित्व के लिए एक राष्ट्रीय संघर्ष बन गया जब उत्तर पश्चिम से एक नया आक्रमणकारी मैदान में प्रवेश कर

गया।

मूल जनजातियों की सेनाएँ ज्यादातर पैदल सैनिकों से बनी थीं, जिन्हें बाद में पैदल सेना के रूप में जाना गया। धनुष-बाण इनका प्रमुख अस्त्र था। घुड़सवार सेना मौजूद नहीं थी क्योंकि घोड़े डरते थे। लगभग 537 ईसा पूर्व फारस का साइरस आधुनिक पेशावर और उसके उत्तराधिकारी के क्षेत्र में पहुँच गया अरी डेरियस ने उत्तर-पश्चिम पंजाब के हिस्से पर विजय प्राप्त की। उनके आक्रमणों ने भारतीयों को घुड़सवार सेना के महत्व और उपयोगिता का एहसास कराया, हालाँकि भारतीय जलवायु परिस्थितियाँ अच्छे घोड़ों के प्रजनन के लिए अनुकूल नहीं थीं और इसलिए राजाओं और रईसों ने युद्ध रथों को आरक्षित कर दिया। इसलिए, पैदल सेना को युद्ध के निर्णायक हथियार के रूप में माना जाता था। योद्धा समाज के सबसे सम्मानित और अग्रणी वर्ग थे।

युद्धों के आमतौर पर सीमित उद्देश्य होते थे और दुनिया में कहीं और की तुलना में बहुत कम क्रूरता के साथ लड़े जाते थे। जीत के बाद मूल निवासियों ने शायद ही सामूहिक वध किया हो। युद्ध के इस तरह के वीरतापूर्ण और कर्मकांडों के आचरण ने कम समय के आक्रमणकारियों को जीतना आसान बना दिया।

भारतीय राजनीतिक इतिहास में निश्चित रूप से दर्ज पहला तथ्य 327-6 ईसा पूर्व के दौरान सिकंदर महान के अधीन यूनानियों द्वारा किया गया आक्रमण है। हिंदू कुश पर्वत को पार करने के बाद, सिकंदर ने तक्षशिला शहर पर कब्जा कर लिया और झेलम की लड़ाई में भारत के राजा, पोरस, या हाइडेस्पेस को यूनानियों के रूप में संदर्भित किया। पोरस के अधीन सेना के पास अभी भी रथों की एक बड़ी सेना थी, जो चमड़े की प्लेटों से बनी लकड़ी की पट्टियों से बनी थी और दो घोड़ों द्वारा खींची जाती थी। प्रत्येक रथ में एक सारथी और एक धनुर्धर

होता था। कुछ भारी रथों में चार घोड़े थे और छह लोगों द्वारा चलाए जा रहे थे, जिनमें से दो ढाल ढोने वाले, दो धनुर्धारी और दो चालक थे जो युद्ध में भाला फेंकने वाले भी थे। झेलम में रथ कीचड़ में फंस जाने के कारण अच्छा नहीं चला। राजा पोरस स्वयं हाथी पर सवार होकर युद्ध में आए। सिकंदर जैसे आक्रमणकारी, जो भारत पर विजय प्राप्त करने आए थे, उन्होंने स्थानीय सैन्य रीति-रिवाजों और नागरिक संस्कृति की सराहना की और उन्हें अपनाया। जल्द ही नए राज्य और कुछ गठबंधन बन गए, लेकिन ये आगे के विदेशी आक्रमणकारियों के खिलाफ काफी हद तक अपर्याप्त साबित हुए।

प्राचीन भारत में युद्ध राजनीति और साहित्य में प्रमुखता से उभरे। कभी-कभी चंद्रगुप्त मौर्य जैसे महान राजा भारत के अधिकांश लोगों को अपने अधीन करने और एकजुट करने में सफल रहे। 300 ईसा पूर्व से 100 सीई तक के कौटिल्य के अर्थशास्त्र जैसे राजकीय नियमावली, राज्य की नीति के एक साधन के रूप में युद्ध के महत्व को दर्शाती है। सैन्य इतिहास में 'अर्थ शास्त्र' अब तक का सबसे महत्वपूर्ण दस्तावेज है। यह सरकार, कानून और युद्ध की प्रारंभिक अवधारणाओं पर एक व्यापक ग्रंथ है। इसके सैन्य खंड में सेना की संरचना और संरचना, हथियारों और सेवाओं की भूमिका और कार्य, प्रशिक्षण अवधारणाएं और विधियां, विभिन्न सैन्य पदाधिकारियों के कर्तव्य, रणनीतिक और सामरिक अवधारणाएं, रक्षात्मक किलेबंदी, बड़ी ताकतों की कमान और प्रबंधन शामिल हैं।

चंद्रगुप्त मौर्य के समय में, हूण जैसे मध्य एशियाई आक्रमणकारी, जिन्होंने अपने समय में ज्ञात सभ्य दुनिया के एक बड़े हिस्से को तबाह और लूट लिया था, को वापस पकड़ लिया गया था। चंद्रगुप्त ने मैसेडोनियन के अवशेषों को हराया और पहले महान राजवंश, मौर्य साम्राज्य की स्थापना की। चंद्रगुप्त ने साम्राज्य के दायरे का विस्तार

किया और एक बड़ी, स्थायी सेना बनाए रखने वाले पहले व्यक्ति थे। बिन्दुसार ने साम्राज्य का विस्तार किया और अशोक ने मौर्य साम्राज्य को उसकी शक्ति और गौरव की ऊंचाई तक पहुँचाया। कलिंग युद्ध उनके जीवन का एक महत्वपूर्ण मोड़ साबित हुआ। इसके बाद अशोक ने तलवार त्याग दी और बौद्ध धर्म अपना लिया, जिसे उसने अपने शिष्यों और दूतों के माध्यम से दूर-दूर तक फैलाया।

यह इस अवधि के दौरान था कि हाथी युद्ध के मैदान में प्रकट हुए और सत्रहवीं शताब्दी तक भारतीय योद्धाओं द्वारा उपयोग किए जाते रहे। यद्यपि मौर्य स्थायी सेना पैदल सेना पर आधारित थी, इसमें 30,000 घुड़सवार, 8,000 रथ और 9,000 हाथी शामिल थे। कैवलरी को अच्छी तरह से प्रशिक्षित किया गया था और एक किनारे से हमला करने और कब्जे वाली स्थिति का फायदा उठाने के लिए नियोजित किया गया था। अग्रिम के दौरान उन्होंने आगे, पार्श्व और पीछे की रक्षा की। उन्हें रक्षा में रिजर्व में रखा गया था और हमलावर सैनिकों को परेशान करने और दुश्मन के हमले को पराजित करने पर उनका पीछा करने के लिए इस्तेमाल किया गया था। हाथी के साथ प्रयोग किया जाने वाला प्रमुख हथियार धनुष और बाण था, जिसमें भाले और भाले जुड़े होते थे।

मौर्य साम्राज्य द्वारा शांति बहाल करने के बाद, शांतिवादी संस्कृति ने बौद्ध धर्म को भारत से अफगानिस्तान, तिब्बत, बर्मा, चीन, इंडो चीन, जापान और इंडोनेशियाई द्वीपसमूह तक फैलाया, एक अधिक नैतिक पूर्वाग्रह था, और अहिंसा का प्रचार किया। इस तरह की आध्यात्मिक 'जीत' में कमजोर उत्तर-पश्चिम से ठोस हमलों का विरोध करने के लिए क्षेत्रीय एकता और राजनीतिक एकता का अभाव था।

गुप्त साम्राज्य का 'स्वर्ण युग' 320-550 ईस्वी के बीच बहाल किया गया था। इस काल की सबसे उल्लेखनीय उपलब्धियाँ धर्म, शिक्षा,

गणित, विज्ञान, कला, वैदिक और संस्कृत साहित्य और नाटक के क्षेत्र में थीं। हर्षवर्धन ने भारत के गौरव को पुनर्स्थापित किया और उत्तर भारत एक बार फिर से एक हो गया। 1000 साल की शांति और समृद्धि तनाव में आने लगी और भारतीय सभ्यता आत्मसंतुष्ट हो गई। इस प्रकार भारतीय प्राचीन इतिहास में एक और महान अध्याय, इस्लामी आक्रमणकारियों का आगमन।

जबकि उत्तर भारत अब विदेशी शक्तियों के एक नए अध्याय से जूझ रहा था, दक्षिण भारत के चोलों ने 985-1054 ईस्वी के बीच अपनी क्षेत्रीय सैन्य शक्ति का अनुमान लगाया। नौसेना के जहाज कोरोमंडल तट से, पूर्वी भारतीय प्रायद्वीप के साथ श्रीलंका और सीधे मलय प्रायद्वीप, जावा, सुमात्रा और बोर्नियो के लिए रवाना हुए। फिर चोल राजा पूर्व की ओर थाईलैंड और वियतनाम तक फैल गए ली ने अपनी पकड़ मजबूत कर ली। ये विजय अधिक व्यापार-आधारित थीं और तलवार से विजय के बजाय हिंदू संस्कृति के प्रसार का प्रतिनिधित्व करती थीं। समय के साथ भारतीय कला, सांस्कृतिक और धार्मिक प्रभाव इन देशों में फैल गए जहां वे आज तक जीवित हैं।

उत्तर की ओर लौटकर, भारत पर तुर्की की विजय एक निश्चित पैटर्न के रूप में विकसित हुई। यह एक क्रमिक प्रक्रिया थी जो दसवीं शताब्दी में शुरू हुई थी। तुर्क सीमा पार धावा बोलने से शुरुआत करेंगे। यह आक्रमणों में विकसित हुआ, जिसके दौरान निकटतम भारतीय राजा घमासान लड़ाई में हार गया। पहली जीत को अगले एक के लिए स्प्रिंगबोर्ड के रूप में इस्तेमाल किया गया था। यह प्रक्रिया सत्रहवीं शताब्दी में शुरू हुई जब असम के घने जंगलों की जनजातियों ने आक्रमणकारी सेनाओं को खदेड़ दिया।

उच्च तकनीक पर आधारित सटीक हथियारों के समावेश ने भविष्य के युद्ध की मारक क्षमता को कई गुना बढ़ा दिया है। खतरे का स्पेक्ट्रम

परमाणु से लेकर पारंपरिक और असममित तक है, जिसमें आतंकवाद एक हाइड्रा-हेड राक्षस के रूप में उभर रहा है। इसमें जलवायु की कठोरता, अर्थात् हिमनदों की ऊँचाई और अत्यधिक ठंडे, घने पर्वतीय वन, और रेगिस्तान की गर्मी और आर्द्रता को जोड़ें। ऐसे कठिन वातावरण हैं जिनमें एक सैनिक काम करता है। हालाँकि, एक सैनिक के लिए इस तरह की चुनौतियों का सामना करना और कर्तव्य की पुकार से परे जाना दूसरी प्रकृति है। जीवन में उथल-पुथल और अराजकता उसके लिए एक विशेष स्वाद है। जिन लोगों ने युद्ध या युद्ध जैसे माहौल का सामना नहीं किया है, उनके लिए स्वाद कल्पना से परे है। भारतीय सेना में एक सैनिक मूल्यों के एक समूह से ओत-प्रोत होता है जो एक सैनिक को कई चुनौतियों और कठिनाइयों का स्वेच्छा से सामना करने और आह्वान आने पर राष्ट्र की सेवा में अंतिम बलिदान करने के लिए तैयार करता है। सफल होने की अदम्य इच्छाशक्ति, अपनी गंभीर जिम्मेदारी को स्वीकार करने और दूसरों के लिए अपना जीवन न्यौछावर करने की अटूट क्षमता के साथ सभी सैनिकों में सेना का लोकाचार समाया हुआ है; बदले में उन्हें विश्वास है कि देश उनका और उनके परिवारों का ख्याल रखेगा। वर्षों के प्रशिक्षण के माध्यम से एक सैनिक में सेना के मूल्यों का समावेश होता है।

एस्पिरिट-डी-कॉर्प्स जाति, पंथ या धर्म की परवाह किए बिना बहादुर पुरुषों की कामरेडशिप और भाईचारे की भावना है। "एक सबके लिए और एक सबके लिए" आदर्श वाक्य है!

निस्वार्थ बलिदान की भावना परंपरा पर कभी सवाल नहीं उठाया जाना चाहिए, लेकिन तीन "एनएस" के लिए करो या मरो; नाम, जिसका अर्थ है नाम-सम्मान- एक इकाई/सेना/राष्ट्र का, 'नमक' (नमक) का अर्थ है राष्ट्र के प्रति वफादारी, और 'निशान' का अर्थ है अपनी इकाई/रेजिमेंट/सेना/राष्ट्र का प्रतीक चिन्ह या ध्वज जिसे

सैनिक पहनते हैं। स्वैच्छिक तैरना।

बड़ी बाधाओं से लड़ते हुए या निश्चित मौत का सामना करते हुए भी युद्ध में और दुश्मन का सामना करते हुए बहादुर निडरता।

गैर-भेदभाव भारतीय सेना जाति, पंथ या धर्म के आधार पर भेदभाव नहीं करती है। एक सैनिक पहले एक सैनिक होता है और बाकी सब बाद में। वह एक आम छत के नीचे प्रार्थना करता है। यह अनूठा चरित्र ही है जो उन्हें टीम में विविधता के बावजूद बांधे रखता है।

निष्पक्षता और ईमानदारी ईमानदारी और निष्पक्ष खेल की भावना। वह दुश्मन (कैदी या घायल) के लिए भी उचित कारण के लिए लड़ता है।

अनुशासन और सत्यनिष्ठा अनुशासन और सत्यनिष्ठा सभी परिस्थितियों में देशभक्ति, ईमानदारी और साहस की भावना देते हैं, भले ही उकसावे की शक्ति अन्यथा कितनी ही प्रबल क्यों न हो।

वफादारी, सम्मान और साहस वह व्यक्ति है जिसके कंधों पर हमारे राष्ट्र का सम्मान और अखंडता टिकी हुई है। वह जानता है कि वह रक्षा की अंतिम पंक्ति है और देश को विफल नहीं कर सकता।

अपमान के लिए मौत सैनिकों के बीच घनिष्ठ बंधन उन्हें अपमान के लिए मौत चुनने के लिए मजबूर करता है। कबीले/इकाई के भीतर 'इज़्ज़त' (सम्मान) की अवधारणा उन्हें मृत्यु के भय से बचने में सक्षम बनाती है; साथियों के समूह में कायर कहलाना मौत से भी बदतर है।

सिपाही में ईमानदारी स्पष्ट होनी चाहिए, क्योंकि उसके कहने पर जिन लोगों का वह नेतृत्व करता है, वे बिना सोचे समझे अपनी जान दे

देंगे।

ये मूल्य हर सैनिक में सेवा भाव का संचार करते हैं। यह इस विश्वास की भावना है, जो हर अधिकारी में निहित है जो उसे अपने आदमियों के साथ मैत्री के अटूट बंधन में बांधता है। हमारे देश की सुरक्षा, सम्मान और कल्याण हमेशा और हर बार सबसे पहले आता है।

भारतीय सेना में सबसे बड़ी बाध्यकारी शक्ति इकाई सामंजस्य और परंपरा है। सदियों से चली आ रही इकाई पहचान और बलिदान वीरता का यह मिश्रण वास्तव में महत्वपूर्ण है। एक बिंदु पर, जीत या हार अप्रासंगिक हो जाती है। क्या मायने रखता है - क्या इकाई को मापा जाता है?

भारतीय सेना अपनी वीरता, वीरता, बलिदान और साहस की परंपरा को कायम रखा है। यह सीमा पर सतर्क है, सतर्क है, कोई भी बलिदान देने के लिए तैयार है ताकि देश के लोग शांति और सम्मान से रह सकें। भारतीय सेना वह सब और उससे भी अधिक है।

क्या आपने कभी सोचा है कि एक सैनिक का जीवन वास्तव में कैसा होता है? भारत का शूरवीर भारतीय सेना के सबसे प्रसिद्ध अधिकारियों में से एक का एक दुर्लभ अंदरूनी सूत्र है। पुस्तक मृत्यु-विरोधी अभियानों और साहसी सर्जिकल स्ट्राइक का इतिहास है जिसने भारत का सर्वोच्च सैन्य सम्मान जीता। यह गहन प्रशिक्षण सैनिकों के बारे में बात करता है जो लड़ने में सक्षम होते हैं, नियंत्रण रेखा पर जीवन वास्तव में कैसा होता है और उन युवाओं के जीवन के बारे में जो उनके लिए अंतिम बलिदान करते हैं। पेज-टर्निंग, रोमांचकारी और दिल दहला देने वाला, आप भारतीय सेना और हमारे सैनिकों को इतने करीब से देखेंगे जैसा आपने पहले कभी नहीं देखा होगा।

क्रम-सूची

क्रम-सूची

1

कप्तान मनोज कुमार पांडे

कप्तान मनोज कुमार पांडे

Indian Army

Scan for Story Videos - www.itibook.com

कैप्टन मनोज कुमार पांडे, परमवीर चक्र (25 जून 1975, सीतापुर, उत्तर प्रदेश - 2/3 जुलाई 1999, कश्मीर), भारतीय सेना की 1/11 गोरखा राइफल्स में एक अधिकारी थे, जिन्हें मरणोपरांत भारत के सर्वोच्च सैन्य सम्मान, परम से सम्मानित किया गया था। वीर चक्र विपत्ति के समय में उनके बहादुर साहस और नेतृत्व के लिए। वह कारगिल के बटालिक सेक्टर में खालूबार हिल्स के जुबर टॉप में एक हमले में शहीद हो गए थे।

IC 56959W कैप्टन मनोज पांडे, PVC सीतापुर, उत्तर प्रदेश के रहने वाले थे। वह लखनऊ में रहने वाले एक छोटे व्यवसायी श्री गोपीचंद पांडेय के पुत्र थे। वह अपने परिवार में सबसे बड़े थे। उन्होंने सैनिक स्कूल, लखनऊ, उत्तर प्रदेश और रानी लक्ष्मीबाई मेमोरियल सीनियर सेकेंडरी स्कूल में शिक्षा प्राप्त की। उन्हें खेलों में विशेष रूप से मुक्केबाजी और बॉडी बिल्डिंग में गहरी दिलचस्पी थी। वह राष्ट्रीय रक्षा अकादमी से 90वें पाठ्यक्रम में उत्तीर्ण हुए और माइक स्क्वाड्रन में

बने रहे। वह गोरखा राइफल्स में शामिल होना चाहते थे और उन्होंने भारतीय सेना की 1/11 गोरखा राइफल्स में कमीशन लिया। उनके चयन से पहले, उनके सेवा चयन बोर्ड (SSB) साक्षात्कार के दौरान, साक्षात्कारकर्ता ने उनसे पूछा, "आप सेना में क्यों शामिल होना चाहते हैं?" उन्होंने तुरंत जवाब दिया, "मैं परमवीर चक्र जीतना चाहता हूं।" उनके अनुसार, कैप्टन मनोज कुमार पांडे ने मरणोपरांत देश का सर्वोच्च वीरता पुरस्कार जीता।

कारगिल युद्ध में उन्होंने 11 जून 1999 को बटालिक सेक्टर में घुसपैठियों को खदेड़ दिया। उसने अपने आदमियों को जुबार चोटी पर कब्जा करने के लिए नेतृत्व किया, जिसे इसके रणनीतिक स्थान के कारण महत्वपूर्ण माना जाता था। स्थिति को जल्दी से भाँपते हुए, युवा अधिकारी ने अपनी पलटन को एक संकीर्ण, विश्वासघाती रिज तक पहुँचाया, जिससे दुश्मन की स्थिति बन गई। भले ही उद्देश्य प्राप्त हो गया था, फिर भी दुश्मन ने भारतीय सैनिकों पर गोलीबारी करके भारतीय हमले को प्रभावी ढंग से रोक दिया। उन्होंने बड़े साहस का परिचय देते हुए अपनी सेना के आगे कूच किया और दुश्मन पर गोलियों की बौछार कर दी।

कंधे और पैर की चोट के बावजूद, उन्होंने अपने एकमात्र चार्ज पर घोर दृढ़ संकल्प के साथ तब तक दबाव डाला जब तक कि उन्होंने पहले बंकर में प्रवेश नहीं कर लिया। फिर भयंकर आमने-सामने की लड़ाई में, उसने दो दुश्मनों को मार गिराया और पहले बंकर को साफ कर दिया। वह मोड़ था। अपने नेता की सहज वीरता से प्रेरित होकर, सेना ने दुश्मन पर आक्रमण किया और उन्हें खदेड़ दिया। अपने गंभीर घावों को नज़रअंदाज़ करते हुए, वह अपने आदमियों से आग्रह करते हुए एक बंकर से दूसरे बंकर में भागा। गंभीर रूप से घायल होकर, वह आखिरी बंकर में गिर पड़ा और अंत में उसने दम तोड़ दिया। लेकिन तब तक वह अपने आदमियों के साथ बंकर पर कब्जा कर चुका था।

कैप्टन मनोज कुमार पांडे ने ऑपरेशन विजय के दौरान बहादुरी से किए गए हमलों की एक श्रृंखला में भाग लिया; जुब्बर टॉप पर कब्जा करने सहित बट्टलिक में भारी नुकसान के साथ घुसपैठियों को पीछे

हटाना।

2/3 जुलाई 1999 की रात को खालुबार अग्रिम के दौरान, जैसे ही उनकी पलटन अपने अंतिम उद्देश्य के पास पहुंची, यह आसपास की ऊंचाइयों से भारी और तीव्र दुश्मन की आग की चपेट में आ गई। जैसा कि कैप्टन पांडे एक कमजोर स्थिति में थे, उनकी बटालियन को दिन के उजाले से पहले हस्तक्षेप करने वाले दुश्मन की स्थिति को साफ करने का काम सौंपा गया था। उन्होंने दुश्मन की भारी गोलाबारी के बीच तेजी से अपनी पलटन को एक लाभप्रद स्थिति में स्थानांतरित कर दिया, दाईं ओर से दुश्मन की स्थिति को साफ करने के लिए एक खंड भेजा, और खुद बाईं ओर से दुश्मन की स्थिति को साफ करने के लिए आगे बढ़े।

उन्होंने दुश्मन की पहली पोजीशन पर निर्भयता से हमला करते हुए दो दुश्मन सैनिकों को मार गिराया और दो और को मारकर दूसरी पोजीशन को तबाह कर दिया। तीसरा स्थान हासिल करने के दौरान उनके कंधे और पैर में चोट लग गई। निडरता से और अपनी गंभीर चोटों की परवाह किए बिना, उन्होंने हमले का नेतृत्व किया, अपने आदमियों को चौथी स्थिति में ले जाने का आग्रह किया और इसे ग्रेनेड से नष्ट कर दिया, हालांकि विस्फोट से उनके माथे पर घातक चोट लगी।

उनके अंतिम शब्द "ना चोदनु" (नेपाली में "डोन्ट स्पेयर") थे। कैप्टन पांडे द्वारा बहादुरी के इस विलक्षण कार्य ने कंपनियों को महत्वपूर्ण समर्थन दिया, जिसके कारण अंततः खालूबर पर कब्जा कर लिया गया। हालांकि, इस अधिकारी की मौत हो गई। इस प्रकार कैप्टन मनोज कुमार पाण्डेय ने असाधारण शौर्य, अदम्य साहस, उत्कृष्ट नेतृत्व और कर्तव्यपरायणता का परिचय देते हुए भारतीय सेना की सर्वोच्च परम्पराओं के अनुरूप सर्वोच्च बलिदान दिया।

2

प्रमुख पद्मपाणि आचार्य

प्रमुख पद्मपाणि आचार्य

Scan for Story Videos - www.itibook.com

28 जून 1999 को, द्वितीय राजपुताना राइफल्स की टोलोलिंग इकाई पर एक बटालियन के हमले के दौरान, कंपनी कमांडर के रूप में मेजर पद्मपाणि आचार्य को दुश्मन की स्थिति पर कब्जा करने का दुर्जेय कार्य सौंपा गया था, जो भारी किलेबंदी और माइनफील्ड्स और स्वीपिंग मशीनों से घिरा हुआ था। बंदूक और तोपखाने की आग। बटालियन और ब्रिगेड संचालन की सफलता इस स्थिति पर शीघ्र कब्जा करने पर निर्भर करती है। हालाँकि, कंपनी का हमला जल्दी विफल हो गया, जब दुश्मन के तोपखाने ने प्रमुख पलटन पर बोर कर दिया, जिससे भारी जनहानि हुई। अपनी व्यक्तिगत सुरक्षा के लिए पूर्ण उपेक्षा के साथ, मेजर पद्मपाणि आचार्य ने रिजर्व पलटन ले ली और तोपखाने की आग से आग लगा दी।

यहां तक कि जब उसके आदमी दुश्मन की आग में गिर गए, तो उसने अपने आदमियों को प्रोत्साहित करना जारी रखा और चट्टान के सामने एक आरक्षित पलटन के साथ दुश्मन पर हमला किया। दुश्मन के बंकर से गोलियों की बौछार को नजरअंदाज करते हुए मेजर पद्मपाणि आचार्य रेंगते हुए बंकर तक पहुंचे और ग्रेनेड फेंका। गंभीर रूप से घायल और हिलने-डुलने में असमर्थ, उसने अपने आदमियों को उसे छोड़ने और

दुश्मन पर आरोप लगाने का आदेश दिया, जबकि उसने गोलियां चलाईं। अंततः बंकर पर कब्जा कर लिया गया और उद्देश्य पर कब्जा कर लिया गया।

मिशन पूरा होने के बाद, मेजर पद्मपाणि आचार्य की मृत्यु हो गई। तोलोलिंग चोटी पर कब्जा करने से कुछ दिन पहले, मेजर आचार्य ने अपने पिता को एक पत्र लिखा था जिसमें उन्होंने भगवद गीता का एक उद्धरण संलग्न किया था जिसमें कहा गया था, "मरो, और तुम स्वर्ग को जीत लोगे; पृथ्वी; इसलिए, अर्जुन, युद्ध करो, दृढ़ रहो।" असाधारण वीरता और सर्वोच्च बलिदान के लिए, मेजर पद्मपाणि आचार्य को मरणोपरांत महावीर चक्र से सम्मानित किया गया था।

प्यारे पापा

आशा है कि यह पत्र आपको अच्छे स्वास्थ्य और आत्माओं में मिलेगा। 14 जून, 1999 को आपके पत्र और कार्ड के लिए धन्यवाद... हम अपने अगले कार्य के लिए पहले से ही तैयार हैं। हमारी यूनिट को अब सेना, रेजिमेंट और मीडिया की उच्च उम्मीदों पर खरा उतरना है। मालूम हो क्या, मुखिया ने यूनिट को बधाई पत्र भी भेजा था। इस तरह का कार्य दिया जाना वास्तव में हमारी इकाई के लिए सम्मान की बात थी। कड़ी मेहनत और अच्छी नैतिकता सद्गुण हैं, क्या आपको नहीं लगता? हमें अपने शुभचिंतकों की आशाओं और आकांक्षाओं को बनाए रखने के लिए अब और मेहनत करनी होगी।

कृपया हताहतों की चिंता न करें। यह एक व्यावसायिक खतरा है जो हमारे नियंत्रण से बाहर है, इसलिए चिंता क्यों करें; कम से कम यह एक अच्छे कारण के लिए है। भगवद गीता में, भगवान कृष्ण ने अर्जुन को निम्नलिखित पंक्तियों में सारगर्भित किया है: हटो वा प्रप्यासी स्वर्गम्, जित्वा व भोक्ष्जिज्जे माहिम, तदुतीष्ठ कौन्तेय, युधय कृतनिश्चः। ("मरो और तुम स्वर्ग जाओगे; विजयी होकर तुम पृथ्वी की संप्रभुता का आनंद लोगे; इसलिए, अर्जुन, खड़े हो जाओ और दृढ़ संकल्प के साथ युद्ध करो।")

नहीं, हम एयर मेंट नहीं हैं, लेकिन खाना अच्छा है और डॉक्टर बंगाली हैं, चीनी नहीं। हां, प्रधानमंत्री की कारगिल यात्रा एक अच्छी

प्रेरणा थी। अच्छा आदमी बर्फीली हवाओं का मुकाबला करने के लिए मैं अपने बदसूरत चेहरे पर एक स्टबल और वैसलीन क्रीम के साथ अब बहुत बेहतर दिखती हूं।

कृपया मनम (उसकी मां) को बताएं कि लड़ना जीवन भर का सम्मान है और मैं किसी भी चीज को कम नहीं मानूंगा। देश की सेवा करने का सबसे अच्छा तरीका क्या है? मुझे इन्फैंट्री और विशेष रूप से (विशेष रूप से) हमारे नामांकित बीएन (बटालियन) में होने पर गर्व है।

अपने स्वास्थ्य और मन का ख्याल रखें। चिंता मत करो और नींद मत खोना। चारु (उसकी पत्नी) को महाभारत की कोई कहानी सुनाओ, जिससे तुम्हारे पोते-पोतियों में अच्छे संस्कार आ जायें। जय माताजी।

आपका स्नेह

19 जून 1999 बबलू

3

नायक दिगेंद्र कुमार

नायक दिगेंद्र कुमार

Indian Army

Scan for Story Videos - www.itibook.com

नायक दिगेंद्र कुमार (परसवाल), जन्म 3 जुलाई 1969, महावीर चक्र, सेना पदक और कई अन्य वीरता पदकों के प्राप्तकर्ता हैं। वह भारतीय सेना के बेहतरीन कमांडो थे। 15 अगस्त 1999 को नायक दिगेंद्र कुमार को 13 जून 1999 को मुशकोह घाटी में तोलोलिंग पहाड़ी पर फिर से कब्जा करने में उनकी बहादुरी के लिए देश के दूसरे सर्वोच्च युद्धकालीन वीरता पुरस्कार महावीर चक्र से सम्मानित किया गया। वह 31 जुलाई 2020 को भारतीय सेना से सेवानिवृत्त हुए।

नायक दिगेंद्र कुमार (परसवाल)- महावीर चक्र, जालरा गांव, तहसील नीम का ठाणे, जिला सीकर राजस्थान के रहने वाले हैं।

दिगेंद्र कुमार का जन्म 3 जुलाई 1969 को शिवदान सिंह पारसवाल के परिवार में हुआ था। उनकी मां एक राजनीतिज्ञ थीं। शिवदान सिंह आर्य समाज के प्रबल अनुयायी थे, जो भारतीय सेना में शामिल हो गए और 1948 के भारत-पाक युद्ध में गंभीर रूप से घायल हो गए।

दिगेंद्र कुमार 3 सितंबर 1985 को राजपूताना राइफल्स में शामिल हुए और भारतीय सेना में सर्वश्रेष्ठ कमांडो बने। सिर्फ आवाज के बल पर लक्ष्य भेदने में उन्हें महारत हासिल थी। ट्रेनिंग पूरी करने के बाद उनकी बटालियन को जम्मू-कश्मीर में तैनात कर दिया गया।

1987 में, उन्हें भारतीय शांति सेना में तैनात किया गया और श्रीलंका में 'ऑपरेशन पवन' में भाग लिया, जहाँ उनकी बहादुरी की बहुत सराहना की गई।

ऑपरेशन पवन भारत-श्रीलंका समझौते के हिस्से के रूप में लिट्टे के निरस्त्रीकरण को लागू करने के लिए 1987 के अंत में लिट्टे से जाफना पर नियंत्रण करने के लिए भारतीय शांति सेना द्वारा चलाए गए अभियानों को दिया गया कोड नाम था। लगभग तीन सप्ताह तक चली एक क्रूर लड़ाई में, IPKF ने LTTE शासन से जाफना प्रायद्वीप का नियंत्रण छीन लिया, कुछ श्रीलंकाई सेना ने कोशिश की और वर्षों तक हासिल करने में विफल रही। भारतीय सेना के टैंकों, हेलीकॉप्टर गनशिप और भारी तोपों की मदद से आईपीकेएफ ने लिट्टे को हरा दिया। लेकिन इस जीत की बड़ी कीमत चुकानी पड़ी, क्योंकि आईपीकेएफ ने लगभग 214 सैनिकों को खो दिया।

इस ऑपरेशन में उनका रोल काफी दिलचस्प है. दिगेंद्र कुमार और उनके समूह को तमिल बहुल क्षेत्रों में गश्त करने का काम सौंपा गया था। पांच तमिल उग्रवादियों ने दिगेंद्र कुमार की पार्टी के पांच जवानों की गोली मारकर हत्या कर दी। इसलिए उसने बाकी जवानों के साथ एक विधायक के घर में घुसे उग्रवादियों का पीछा किया। विधायक ने कार्रवाई का विरोध किया और लड़ाई में विधायक सहित पांच आतंकवादी मारे गए। इसने एक बड़ा विवाद खड़ा कर दिया और दिगेंद्र कुमार पर जुर्माना लगाया गया और उन्हें कैद कर लिया गया।

इसी दौरान 10 पैरा कमांडो के 36 जवानों को LTTE के लोगों ने कहीं घने जंगल में घेर लिया। उन्हें छुड़ाने के लिए लेफ्टिनेंट जनरल एएस कलकत्ता ने यह काम दिगेंद्र कुमार को सौंपा। दिगेंद्र कुमार ने 50 किलो गोला-बारूद और बिस्कुट लिए और लक्ष्य तक पहुँचने के लिए 11000 केवी करंट की आपूर्ति वाली नदी के पार चले गए। उन्होंने न केवल गोला-बारूद और खाद्य सामग्री प्रदान करके 10 पैरा कमांडो के 10 पैरा कमांडो के उन 36 सैनिकों को बचाया बल्कि एक महत्वपूर्ण गोला-बारूद डिपो को भी नष्ट कर दिया और अन्य कमांडो के साथ 39 आतंकवादियों को मार डाला। इस बहादुरी की खूब सराहना हुई।

दिगेंद्र की बटालियन को 1993 में जम्मू-कश्मीर के आतंक प्रभावित कुपवाड़ा इलाके में भेजा गया था। एक दिन आतंकियों के एरिया कमांडर माजिद खान ने कर्नल वीरेंद्र तेवतिया को धमकी दी कि आतंकियों के खिलाफ किसी भी कार्रवाई के गंभीर परिणाम भुगतने होंगे। दिगेंद्र को यह धमकी हजम नहीं हुई। वह पहाड़ी पर चढ़ गया, माजिद खान का पीछा किया और उस पर गोली चला दी, जिसकी मौके पर ही मौत हो गई। वह माजिद खान के बेड़े को सोल्डर एंड कंपनी में ले आया। तेवतिया के समक्ष पेश किया। दिगेंद्र कुमार को 1993 में जम्मू-कश्मीर के कुपवाड़ा इलाके में उनके आतंकवाद विरोधी अभियानों के लिए सेना पदक से सम्मानित किया गया था। 1994 में आतंकवादियों से हजरतबल दरगाह को फिर से हासिल करने के लिए उनकी सेवाओं की सराहना की गई।

कारगिल युद्ध भारत और पाकिस्तान के बीच एक सशस्त्र संघर्ष था जो मई और जुलाई 1999 के बीच कश्मीर के कारगिल जिले में हुआ था। युद्ध का कारण पाकिस्तानी सैनिकों और कश्मीरी आतंकवादियों की नियंत्रण रेखा (LOC) पर भारत की स्थिति में घुसपैठ थी, जो दोनों राज्यों के बीच वास्तविक सीमा के रूप में कार्य करती है।

कारगिल युद्ध के तीन प्रमुख चरण थे। सबसे पहले, पाकिस्तान ने कश्मीर के भारतीय-नियंत्रित क्षेत्र में प्रवेश किया और रणनीतिक स्थानों पर कब्जा कर लिया, जिससे वह NH1 को नियंत्रित करने में सक्षम हो गया। अगले चरण में भारत द्वारा घुसपैठ का पता लगाना और जवाब देने के लिए सेना को जुटाना शामिल था। अंतिम चरण में भारतीय और पाकिस्तानी सेना के बीच बड़ी लड़ाई शामिल थी, जिसके परिणामस्वरूप भारत ने पाकिस्तानी सेना के कब्जे वाले पदों पर कब्जा कर लिया और नियंत्रण रेखा से पाकिस्तानी सेना की वापसी हुई।

तोलोलिंग की लड़ाई कारगिल युद्ध में भारतीय सशस्त्र बलों और उत्तरी लाइट इन्फैंट्री के सैनिकों के बीच एक महत्वपूर्ण लड़ाई थी, जिन्हें 1999 में अन्य पाकिस्तान समर्थित अनियमितताओं द्वारा सहायता प्रदान की गई थी। तोलोलिंग श्रीनगर - लेह राजमार्ग (NH) की ओर मुख किए हुए एक प्रमुख स्थान है। 1) और एक महत्वपूर्ण कड़ी थी।

टोलोलोइंग चोटी पर भारतीय सेना के हताहत पूरे युद्ध के कुल नुकसान का आधा थे। अधिकांश क्षति इलाके की प्रकृति से संबंधित थी क्योंकि घुसपैठियों को बाहर निकालने के लिए चोटियों को पुनः प्राप्त करने के लिए प्रथम विश्व युद्ध शैली के फ्रंटल चार्ज लगाए गए थे। 3 सप्ताह के हमले के अंत में, भारत ने शिखर पर कब्जा कर लियाऔर युद्ध का रुख बदल गया।

मेजर राजेश अधिकारी (मरणोपरांत) और दिगेंद्र कुमार को शिखर सम्मेलन में उनकी वीरता के लिए भारत के दूसरे सर्वोच्च सैन्य पुरस्कार महावीर चक्र से सम्मानित किया गया।

जब भारतीय राज्य जम्मू और कश्मीर के कारगिल क्षेत्र में पाकिस्तानी सेना द्वारा समर्थित आतंकवादियों की एक सुनियोजित घुसपैठ के कारण भारी लड़ाई हुई, तो भारतीय सेना को घुसपैठियों की ऊंचाइयों को साफ करने का आदेश दिया गया। इस क्षेत्र में कई भयंकर युद्ध हुए। सबसे महत्वपूर्ण लड़ाई तोलोलिंग की लड़ाई थी, जहां 13 जून 1999 को नाइक दिगेंद्र कुमार ने अपनी बहादुर कार्रवाई से तोलोलिंग पहाड़ी पर फिर से कब्जा करने में महत्वपूर्ण भूमिका निभाई थी।

मुश्कोह घाटी, टाइगर हिल और तोलोलिंग टॉप के बीच पीक 4875 से पाकिस्तान हाईवे को देखते हुए सूर्यास्त के बाद तैनाती की गई थी। गुमरी और मतायिन ठिकानों पर मैदानी इलाकों से बंदूकें लाई गईं, जो अभी भी रेगिस्तान में हैं। सूर्यास्त के बाद शक्तिशाली स्कैनिया ट्रकों ने उन्हें पूर्व निर्धारित बंदूक की स्थिति में खींच लिया। ट्रक अपनी लाइट बंद करके चले गए। 2 सैनिक सड़क की रूपरेखा और मोड़ दिखाने के लिए हर कुछ मिनटों में अपनी मशालें चमकाते हुए सामने की ओर दौड़े ताकि वे पहाड़ से भाग न जाएँ।

तोप की दृष्टि को पहाड़ के किनारे उकेरा गया था। उन्हें न केवल सटीक आग प्रदान करने के लिए बल्कि काउंटर-बैटरी आग को रोकने के लिए भी माउंट किया जाना था। 7 जून तक, बंदूकें तैनात की गईं और रेंज हासिल करने के लिए निकाल दी गईं। आग बुझाने के लिए आर्टिलरी ऑब्जर्वेशन ऑफिसर उपयोगी पदों पर चढ़ने लगे। सैनिकों ने कड़कड़ाती ठंड में यह सुनिश्चित करने के लिए काम किया कि जैसे ही

हमला शुरू करने का समय नजदीक आए, सभी बंदूकें सही स्थिति में हों। तोपखाना छापा मारने के मिशन पर एसएसजी सैनिकों की अफवाहों के साथ-साथ सैनिक पहरे पर थे। स्पॉटिंग मिशन पर किसी भी आरपीवी के लिए एयरक्राफ्ट गन ने आसमान को स्कैन किया। इस बीच पैरा कमांडो दुश्मन की सीमा में आगे बढ़ चुके थे और दुश्मन के तोपखाने के भीतर तैनात थे। उनका काम पाकिस्तानी तोपों का मुकाबला करना था अगर वे खेल में आतीं।

इसके साथ ही हमले के लिए दूसरी राजपूताना राइफल्स की एक नई बटालियन को लाया गया। ग्रेनेडियर्स पाकिस्तानी चौकियों से 3 पॉइंट 300 मीटर नीचे आ गए और इस तरह वहां से हमला करने के लिए पैर जमाने लगे। दूसरी रापुताना राइफल्स ने इस बीच हथियारों को दागा और परीक्षण किया, पास की लकीरों पर टोही और नकली हमले किए। मेजर विवेक गुप्ता के नेतृत्व में 90 स्वयंसेवक अंतिम हमले के लिए इकट्ठे हुए। इनमें तोमर भी थे। जून तक वे पाकिस्तानियों से 300 मीटर दूर पत्थरों के पीछे थे। 12 जून को 1830 घंटे थे।

1830 बजे तोलोलिंग टॉप पर 120 बंदूकें खुलीं। बोफोर्स 155 मिमी बंदूकें सबसे पहले लॉन्च की गईं। डायरेक्ट फायर मोड में इसका इस्तेमाल करते हुए उन्होंने बंकरों को निशाना बनाया। कुछ ही मिनटों में उनका पीछा 130 मिमी और 105 मिमी की बंदूकों से किया गया। खोल के बाद खोल किनारों में दुर्घटनाग्रस्त हो गया। जैसा कि अपेक्षित पाकिस्तानी जवाबी बमबारी शुरू हुई, 155 मिमी की बंदूकें HEER के गोले में बदल गईं और नियंत्रण रेखा के पार पैरा कमांडो के पाकिस्तानी बंदूक ठिकानों पर गोलीबारी शुरू कर दी। पाकिस्तानी बंदूकें जल्द ही बंद हो गईं और छिटपुट रूप से गोलियां चलाई गईं। कुछ पाकिस्तानी तोपखाने की आग जारी रही।

आधी रात के करीब फायरिंग बंद हुई। मेजर विवेक गुप्ता ने "राजा रामचंद्र की जय" के मंत्रों में अपने आदमियों का नेतृत्व किया। तीन टीमों का कोडनेम "अभिमन्यु", "भीम" और "अर्जुन" रखा गया था। एक सीधा ऊपर चला गया। एक और दुश्मन के पीछे हटने के लिए निचले रिज के चारों ओर चला गया, और तीसरे ने पीछा किया। ग्रेनेडियर्स ने

पास के एक रिज पर पाकिस्तानियों को कवरिंग फायर प्रदान किया।

तोपखाने के बावजूद, पाकिस्तानी सेना ने अभी भी तोपखाने के प्रभाव से परे प्राकृतिक गुफाओं में अपनी मजबूत पकड़ बना रखी थी। वे अब रेंगते भारतीय सैनिकों पर मशीनगनों से खुल गए। कवर के लिए तोपखाने द्वारा बनाए गए गड्ढों का उपयोग करके सैनिक आगे बढ़े। बंकर से मशीन गन की गोलाबारी के बाद भी जवानों को रेंग कर उन्हें चुप कराने के लिए ग्रेनेड का इस्तेमाल करना पड़ा। वापस आधार पर कमांडर को वायरलेस के आसपास घेरा गया था। हालाँकि, पास के दुश्मनों से संपर्क करने का समय नहीं था। 2.30 बजे तक यह हताश हो रहा था। कांस्टेबल यशवीर सिंह तोमर ने बाकी जवानों से हथगोले एकत्र किए। इसके बाद उन्होंने आखिरी कुछ बंकरों को चार्ज किया। वहां पहुंचकर उन्होंने 18 ग्रेनेड गिराए। एक हाथ में राइफल और दूसरे हाथ में ग्रेनेड मिला है। आखिरकार सेना बंद हो गई और हाथ से हाथ की लड़ाई शुरू हो गई। गोली दिल में लगने से यशवीर सिंह तोमर की मौके पर ही मौत हो गई। लांस नायक बच्चन सिंह ने अपनी पिस्तौल दिगेंद्र को दी और सुल्तान सिंह ने दिगेंद्र को अपना ग्रेनेड दिया और अंतिम सांस ली। इसी तरह राठौड़ ने भी अपनी पिस्टल और कारतूस दिगेंद्र को दे दिए। सुबह 4.10 बजे वायरलेस ने खबर चलाई। तोलोलिंग जीत गए। उस रात मेजर गुप्ता और सात अन्य लोगों को मारना उन्हें बहुत महंगा पड़ा।

नायक दिगेंद्र कुमार (2883178ए), 2 राजपुताना राइफल्स, महावीर चक्र, द्रास सेक्टर में तोलोलिंग सुविधा पर एक कंपनी के हमले के दौरान एक लाइट मशीन गन समूह की कमान में थे। इसका उद्देश्य 15000 फीट से अधिक की ऊंचाई पर एक विश्वासघाती हाइलैंड में स्थित एक अच्छी तरह से सुसज्जित दुश्मन चौकी पर कब्जा करना था। मेजर विवेक गुप्ता, राजपुताना राइफल्स और उनकी कंपनी को प्वाइंट 5490 पर फिर से कब्जा करने का काम सौंपा गया था।

13 जून, 1999 को, जैसा कि हमला समूह अपने उद्देश्य के करीब था, एक अच्छी तरह से छुपा यूनिवर्सलप्रभावी मशीन गन और भारी मशीन गन की आग की चपेट में आ गया, जिससे हमला करने वाले समूह के बीच भारी जनहानि हुई। नाइक दिगेंद्र कुमार के बाएं हाथ में

गोली लगी थी। अपनी खुद की चोटों के बारे में निडर और असंबद्ध, नाइक दिगेंद्र कुमार ने एक हाथ से गोली चलाई और दुश्मन पर एक प्रभावी और सटीक लाइट मशीन गन दागी। उनकी अचूक गोलाबारी ने दुश्मन के सिर को नीचे कर दिया जबकि उनके अपने सैनिक लक्ष्य की ओर बढ़ गए। अंत में, उनकी प्रभावी कवरिंग फायर के तहत, उनकी अपनी सेना ने दुश्मन की स्थिति पर शारीरिक हमला किया और हाथ से हाथ का मुकाबला करने के बाद उसे साफ कर दिया। गंभीर रूप से घायल होने के बावजूद, यह उनकी बहादुरी का काम था जिसने हमले के समूह को अंततः उद्देश्य प्राप्त करने में सक्षम बनाया।

इस जीत के महत्व को कम करके नहीं आंका जा सकता है। तब तक लोगों का अपने मृत साथियों को लेकर पहाड़ से नीचे उतरते देखना दुखद था। पहाड़ों में विभिन्न स्थानों पर फंसे लोगों को नपुंसक महसूस कराया गया क्योंकि पाकिस्तानी सेना ने उन्हें ताना मारा। अब सेना ने एक बड़ी जीत हासिल कर ली थी और उसके बाद कई सफलताएँ मिलीं। इसका मतलब यह था कि पाकिस्तानी सभी बाधाओं के खिलाफ मारे जा सकते थे। एक बार फिर भारतीय सैनिकों ने अपने दृढ़ संकल्प के साथ इतने कम पैसों में असंभव को संभव कर दिखाया। तोलोलिंग पर फिर से कब्जा करना वास्तव में युद्ध का महत्वपूर्ण मोड़ था।

कारगिल युद्ध में दिगेंद्र की भूमिका बहुत महत्वपूर्ण थी। कारगिल युद्ध में पहला और सबसे महत्वपूर्ण कार्य टोलोलिंग हेडलैंड पर फिर से कब्जा करना था। यह काम 2 राजपूताना राइफल्स को सौंपा गया था। जनरल मलिक ने गुमरी में राजपुताना राइफल्स की एक अदालत बुलाई। सभी से तोआलोलिंग हिल को आजाद कराने की योजना के बारे में पूछा गया। दिगेंद्र ने खड़े होकर अपना परिचय दिया- मैं कोबरा के नाम से मशहूर दिगेंद्र कुमार, भारतीय सेना का बेहतरीन कमांडो राजपूताना राइफल्स का सिपाही हूं। मेरे पास एक योजना है जिसके द्वारा हमारी जीत निश्चित है।

दिगेंद्र ने उन्हें अपनी योजना बताई कि उन्हें 100 मीटर रूसी रस्सी की जरूरत है जिसका वजन 6 किलो और 10 टन का भार हो। हमें रूसी नाखूनों की भी आवश्यकता है जिन्हें चट्टानों में आसानी से रखा

जा सके। हमें भी हाई पोटेन्सी इंजेक्शन चाहिए जो थकान मिटाए और हिम्मत दे। इस सामग्री से मैं रात में पहाड़ी पर चढ़ूंगा और कीलों के सहारे पहाड़ी की चोटी पर रस्सी बांधूंगा। रास्ता उबड़-खाबड़ और दुर्गम है लेकिन मैंने दूरबीन से जाँच की और अच्छी तरह से जाँच की।

10 जून 1999 की शाम कोबरा दिगेंद्र ने अपने साथियों को गले लगा लिया. भीषण मार्ग और कार्य को देखकर सभी जानते थे कि कोबरा और सहयोगी मिशन से नहीं बच पाएंगे। उन्होंने महसूस किया कि यह आखिरी मुलाकात हो सकती है। रात हो गई। बम धमाकों को छोड़कर, पहाड़ों में एक भयानक सन्नाटा था। चारों ओर बर्फ और बर्फ ही बर्फ थी। धीमे कदमों से कोबरा दिगेंद्र और उसके साथी फौजी सामान लेकर आगे बढ़े। उन्होंने चट्टान में एक कील ठोंकी और फिर एक रस्सी बाँध दी। आधा थक जाने पर इंजेक्शन लिया। जब दिगेंद्र के हाथों ने काम करना बंद कर दिया, तो उन्होंने अपने दांतों से रस्सी को पकड़ लिया, दोनों हाथों को आकाश में खुला छोड़ दिया, जैसे कि वे भगवान के हाथों में हों। नीचे 5000 फीट गहरा गड्ढा था। वे लक्ष्य की ओर रेंगते गए। कई मौकों पर उन्हें मौत का सामना करना पड़ा, लेकिन वे बच गए। 14 घंटे की कड़ी मेहनत के बाद, वे तोलोलिंग के शीर्ष पर पहुंचे और सबसे बड़ी खुशी महसूस की। अंत में यह सारी यात्रा रस्सी के सहारे की गई। वे फांसी की रस्सी के सहारे वापस बटालियन में पहुंचे।

12 जून 1999 को सुबह 11 बजे जनरल मलिक ने दिगेंद्र का हौसला बढ़ाते हुए कहा, "बेटा! हमारी कामयाबी से 48 घंटे पहले वी.पी. मलिक की बधाई स्वीकार करो। बेटा! अगर हम कारगिल जीत गए, तो मलिक खुद कल सुबह तुम्हारे लिए नाश्ता लेकर आएंगे।"

पहाड़ी टोलिंग कमांडो टीम में मेजर विवेक गुप्ता, सूबेदार भंवर लाल भाकर, सूबेदार सुरेंद्र सिंह राठौर, सीएचएम यश वीर सिंह तोमर, नायक सुरेंद्र सिंह, नायक चमन सिंह तेवतिया, लांस नायक बच्चन सिंह, आरएफएन जशवीर सिंह शामिल थे। कांस्टेबल सुल्तान सिंह नरवर और दिगेंद्र कुमार।

तोलोलिंग हिल पर पाकिस्तानी सेना ने 11 बंकर बनाए थे। दिगेंद्र पहले और आखिरी में 11वें बंकर को निशाना बनाना चाहते थे. बाकी 9

बंकरों को निशाना बनाना था। वे गोला-बारूद के साथ आगे बढ़े।

कारगिल बर्फीली हवाओं से भर गया था। घोर अँधेरा था और समूह को डराने के दूर-दूर के रास्ते थे। अचानक हुए धमाकों ने दिल को दहला दिया। देखने के लिए कुछ भी नहीं था - सिवाय मृत्यु के। वे चट्टान पर कीलों से बंधी रस्सी के सहारे पहाड़ी पर चढ़ने लगे। दिगेंद्र रेंगते हुए अनजाने में वहां पहुंच गए जहां दुश्मन बैठा हुआ था और उसने मशीनगन लगा रखी थी। दिगेंद्र पत्थर पकड़कर आगे बढ़ रहा था। जब शरीर में खून जमने लगा तो उसने पॉवर इंजेक्शन लेना शुरू कर दिया। दिगेंद्र का हाथ अचानक एक मशीन गन की नली से लग गया, जिससे दुश्मन गोलियां चला रहा था और वह बहुत गर्म हो गई। दुश्मन की उपस्थिति को भांपते हुए, उन्होंने बैरल को हटा दिया और कुछ ही समय में एक ग्रेनेड को बंकर में फेंक दिया, जहां एक विस्फोट हुआ और भीतर से एक तेज आवाज निकली - "अल्लाह हो अकबर, काफिरों का हमला !!!"

दिगेंद्र ने सटीक निशाना लगाया। पहले बंकर में आग लग गई और वह राख में तब्दील हो गया। पीछे से आर्टिलरी टैंक और 250 कमांडो फायरिंग कर रहे थे. पाकिस्तानी सेना ने भी बराबर का हिस्सा लिया। कोबरा के साथियों ने जमकर फायरिंग की लेकिन वह हिल नहीं सका। फायरिंग कैनन को एक मीटर की दूरी पर फायर करने के लिए बनाया गया था। दिगेंद्र गंभीर रूप से घायल हो गया। कोबरा दिगेंद्र के सीने में तीन गोलियां लगी थीं। एक पैर गंभीर रूप से जख्मी हो गया। टॉप फेस 18 बुलेट। नगा आटा एक छलनी में कम किया गया था। पैंट और शर्ट के साथ उसका एक जूता गायब थावह टूटा था। उसके हाथ से दिगेंद्र की LMG भी गायब हो जाती है। शरीर ने कुछ भी करने से इंकार कर दिया लेकिन वीरों ने हिम्मत नहीं हारी थी। रक्तस्राव को रोकने के लिए उन्होंने तुरंत प्राथमिक उपचार दिया।

पहाड़ी पर बैठे पाक सेना के मेजर अनवर खान ने दहाड़ा। अनवर खान की दहाड़ ने दिगेंद्र को होश में ला दिया और उसका साहस जगा दिया।

जब उन्होंने पीछे मुड़कर देखा तो पाया कि सूबेदार भंवरलाल भाकर, लांस नायक जसवीर सिंह, नायक सुरेंद्र और नायक चमन सिंह ने अंतिम सांस ली थी। दिगेंद्र को लांस नायक बच्चन सिंह ने पिस्तौल, हवलदार सुल्तान सिंह नरवर ने ग्रेनेड दिया और फिर अपनी मां की चुनरी हिलाते हुए आखिरी सांस ली। मेजर विवेक गुप्ता ने बहादुरी से दुश्मन का सामना किया, लेकिन पत्थरों का सहारा लेते हुए उनके सिर में गोली मार दी गई, उनके खून ने मिट्टी को लाल कर दिया और वे धरती माता की गोद में हमेशा के लिए सो गए। राठौड़ ने पिस्तौल और गोला-बारूद सरेंडर कर दिया और उसकी मौत हो गई। इस प्रकार दिगेंद्र के सभी साथी शहीद हो गए।

दिगेंद्र ने थोड़ी हिम्मत दिखाई और फिर दूसरे बंकरों में ग्रेनेड फेंके और ऐसा करते-करते उसने सारे बंकर तबाह कर दिए. उन्होंने 11 बंकरों में 18 ग्रेनेड फेंके। मेजर अनवर खान अचानक प्रकट हुए। अनवर खान की पिस्टल में लगी गोली रिकोषेट हो गई और वह दिगेंद्र की पिस्टल से निकली आखिरी गोली थी. दिगेंद्र ने पिस्टल से उसे गोली मारने की कोशिश की लेकिन वह भाग निकला। उसे पछताना पड़ा। दिगेंद्र अनवर खान पर कूद पड़े। दोनों कुछ देर साथ-साथ घूमते रहे। अनवर खान ने भागने की कोशिश की, लेकिन दिगेंद्र ने उसे गर्दन से पकड़ लिया। दिगेंद्र ने छलांग लगाई और खान की पीठ पर लात मारी। खान गड्ढे में गिर गया और दर्द से कराहने लगा। दिगेंद्र घायल हो गए लेकिन मेजर अनवर खान को बालों से पकड़ लिया और उनकी गर्दन काट दी और भारत माता का नारा लगाया।

यह महज एक इत्तेफाक था कि तोलोलिंग के ऊपर से गुजर रहे एक अमेरिकी उपग्रह ने एक युवा दाढ़ी वाले व्यक्ति को देखा, जिसके सिर पर दुपट्टा था, मेजर अनवर खान का कटा हुआ सिर थामे भारतीय झंडा लगाने की कोशिश कर रहा था और अपनी मां की जय-जयकार कर रहा था। भारत। यह फाइल फोटो सैटेलाइट से ली गई है।

दिगेंद्र इस प्रकार बड़ी मुश्किल से पहाड़ी की चोटी पर पहुंचने और फिर से कब्जा करने में सक्षम हुए और 13 जून 1999 को सुबह 4 बजे भारतीय तिरंगा झंडा फहराया।

भारतीय सैनिक सुबह-सुबह तोलोलिंग चोटी पर पहुंचे और उन्हें मृत सैनिकों के ढेर मिले। भारत का तिरंगा झंडा फहराया गया और उसके बगल में दिगेंद्र पाकिस्तानी सेना के मेजर अनवर खान के कटे सिर के साथ बेहोश पड़ा था। दिगेंद्र को मिलिट्री अस्पताल ले जाकर कोबरा की झोपड़ी में रखा गया। भारत के प्रधान मंत्री श्री अटल बिहार वाजपेयी और भारत के राष्ट्रपति श्री केआर नारायण ने कोबरा का दौरा किया और उनकी बहादुरी के लिए उन्हें बधाई दी।

4

मेजर विवेक गुप्ता

मेजर विवेक गुप्ता

Scan for Story Videos - www.itibook.com

मेजर विवेक गुप्ता को कारगिल युद्ध के दौरान उनकी असाधारण बहादुरी के लिए 1999 में मरणोपरांत महावीर चक्र से सम्मानित किया गया था। उन्होंने सात साल की सैन्य सेवा पूरी की और कारगिल युद्ध में शहीद हो गए, उसी दिन वे 1999 में शामिल हुए थे। सेना

मेजर विवेक गुप्ता को 1999 में कारगिल युद्ध के दौरान उनकी बहादुरी के लिए मरणोपरांत भारत के दूसरे सर्वोच्च सैन्य सम्मान महावीर चक्र से सम्मानित किया गया था। उन्होंने सात साल की सैन्य सेवा पूरी की और कारगिल युद्ध, 1999 के दौरान उसी दिन शहीद हो गए, जिस दिन वे सेना में शामिल हुए थे।

मेजर विवेक गुप्ता का जन्म 2 जनवरी 1970 को देहरादून, उत्तराखंड में लेफ्टिनेंट कर्नल बीआरएस गुप्ता (पिता) के घर हुआ था। एक सैन्य परिवार में पैदा होने के कारण, उन्होंने भारतीय सेना में बहादुरी और जीवन की कहानियां सुनीं, जिसने उन्हें भारतीय सेना में शामिल होने के लिए प्रेरित किया।

स्कूली शिक्षा पूरी करने के बाद, मेजर विवेक गुप्ता राष्ट्रीय रक्षा अकादमी में शामिल हो गए। बाद में वह भारतीय सैन्य अकादमी में शामिल हो गए।

1997 में, मेजर विवेक गुप्ता ने भारतीय सेना अधिकारी कैप्टन राजश्री बिष्ट से शादी की।

13 जून 1992 को, मेजर विवेक गुप्ता को राजपूताना राइफल्स रेजिमेंट में नियुक्त किया गया, जो भारतीय सेना में एक सुशोभित पैदल सेना रेजिमेंट है। आमने-सामने की लड़ाई में, मेजर विवेक गुप्ता ने एक पाकिस्तानी आतंकवादी को मार गिराया और उन्हें सेनाध्यक्ष (सीओएएस) प्रशंसा से सम्मानित किया गया। उन्होंने इन्फैंट्री स्कूल, महू में एक हथियार प्रशिक्षक के रूप में भी काम किया।

1999 के कारगिल युद्ध के दौरान, द्वितीय राजपुताना राइफल्स को युद्ध के मैदान में तैनात किया गया था जब भारतीय सेना को घुसपैठ की सीमा का पर्याप्त ज्ञान नहीं था। उस समय मेजर विवेक गुप्ता और दूसरी राजपुताना राइफल्स के अन्य लोगों को द्रास सेक्टर में टोलोलिंग टॉप के प्वाइंट 4590 पर कब्जा करने का काम सौंपा गया था। वह लाइट मशीन गन कमांडो टीम के सदस्य थे। निर्दिष्ट क्षेत्र एक खतरनाक कार्य था क्योंकि इसके लिए दुश्मन की चौकियों की ओर चढ़ना आवश्यक था। उस समय दुश्मन को ऊंचाई का फायदा था।

13 जून 1999 को मेजर विवेक गुप्ता उस समय शहीद हो गए थे जब द्रास सेक्टर की हवा और बर्फीले ढलानों में एक दिन में दो कठिन चौकियों पर कब्जा करने के बाद उनकी कंपनी पर दुश्मन के शिविर से बहु-दिशात्मक गोलाबारी की गई थी। उसका धड़ खोलो। हालांकि, मेजर विवेक गुप्ता का शव तत्काल बरामद नहीं हो सका और उसे तोलोलिंग की चोटी पर रख दिया गया। भारतीय सेना ने 15 जून को शहीद जवानों के शवों को बरामद करने के लिए अभियान चलाया था।

यह जानना दिलचस्प है कि मेजर विवेक गुप्ता सात साल पहले उसी दिन शहीद हुए थे जिस दिन वे राजपूताना राइफल्स में शामिल हुए थे। लेफ्टिनेंट कर्नल बीआरएस गुप्ता के अनुसार, 'यह जानते हुए कि उनकी पूरी कंपनी बैठी हुई बत्तख की तरह है, चारों तरफ से गोलीबारी के बाद, मेजर विवेक ने अकेले पाकिस्तानियों पर हमला किया। जबकि मेरे 27 वर्षीय बेटे ने अपना खून साबित किया, उसके साथी सैनिक अधिक ऊंचाइयों को फतह करने के लिए जीवित रहे।'

8 जून 1999 को अपने परिवार को लिखे आखिरी खत में मेजर विवेक गुप्ता ने लिखा, 'आपको मुझ पर गर्व होना चाहिए। मैं इस वर्दी में देश के लिए कुछ योगदान दे रहा हूं, कंपनी कमांडर बनना इस समय सबसे बड़ा अनुभव है। हालाँकि, उनकी मृत्यु के बाद, पत्र 17 जून 1999 को उनके परिवार तक पहुँच गया। उनके परिवार तक पत्र पहुंचने के कुछ ही मिनटों के भीतर पूरे सैन्य सम्मान के साथ उनका अंतिम संस्कार कर दिया गया।

मेजर विवेक गुप्ता को कारगिल युद्ध के दौरान उनकी विशिष्ट बहादुरी के लिए मरणोपरांत स्वतंत्रता दिवस 1999 पर महावीर चक्र से सम्मानित किया गया था। उन्हें प्राप्त महावीर चक्र का उद्धरण है:

13 जून 1999 को, मेजर विवेक गुप्ता मेजर चार्ली कंपनी के कमांडर थे, जब दूसरी राजपुताना राइफल्स की एक बटालियन ने द्रास सेक्टर में तोलोलिंग टॉप पर हमला किया था।

भारी तोपखाने और स्वचालित आग के बावजूद, मेजर विवेक गुप्ता के प्रेरक नेतृत्व में कंपनी दुश्मन को घेरने में कामयाब रही। जैसे ही कंपनी खुले में आई, यह तीव्र बहु-दिशात्मक आग की चपेट में आ गई। कंपनी के मुख्य डिवीजन में तीन कर्मियों को चोट लगी और हमले को अस्थायी रूप से रोक दिया गया।

मेजर विवेक गुप्ता ने तुरंत प्रतिक्रिया दी और दुश्मन की स्थिति पर एक रॉकेट लांचर दागा, यह अच्छी तरह से जानते हुए कि अगर वह दुश्मन की गोलाबारी के संपर्क में रहा तो हत्यारे को अधिक नुकसान होगा। हैरान दुश्मन को उबारने से पहले मेजर विवेक गुप्ता ने दुश्मन की स्थिति की कमान संभाली। इतने चार्ज होने के दौरान उन्हें दो गोलियां लगीं, फिर भी उन्होंने स्थिति की ओर बढ़ना जारी रखा। स्थिति पर पहुंचने पर, उन्होंने दुश्मन को आमने-सामने की लड़ाई में उलझा दिया और खुद के जख्मों के बावजूद दुश्मन के तीन सैनिकों को मार गिराने में सफल रहे।

उनके अधिकारी की बहादुरी से प्रेरित होकर, कंपनी के बाकी लोगों ने दुश्मन की स्थिति पर आरोप लगाया और उस पर कब्जा कर लिया। हालांकि, आगामी लड़ाई में, मेजर विवेक गुप्ता को दुश्मन की गोलियों

से एक और सीधी चोट लगी और अंततः वे घायल हो गए।

मेजर विवेक गुप्ता ने दुश्मन के सामने असाधारण बहादुरी और प्रेरणादायक नेतृत्व का प्रदर्शन किया, जिसके कारण अंततः तोलोलिंग टॉप पर कब्जा कर लिया गया।

5
मेजर राजेश सिंह अधिकारी

मेजर राजेश सिंह अधिकारी

Scan for Story Videos - www.itibook.com

मेजर राजेश सिंह अधिकारी का जन्म 25 दिसंबर 1970 को नैनीताल, उत्तराखंड के तल्लीताल में हुआ था। उन्होंने अपनी प्रारंभिक स्कूली शिक्षा सेंट जोसेफ कॉलेज, नैनीताल से, माध्यमिक शिक्षा गवर्नमेंट इंटर कॉलेज से और 1992 में कुमाऊँ विश्वविद्यालय से स्नातक की पढ़ाई पूरी की। मेजर अधिकारी हमेशा एक सेना अधिकारी बनना चाहते थे और उनका चयन होने पर उनका सपना सच हो गया। भारतीय सैन्य अकादमी। वह 23 साल की उम्र में 11 दिसंबर 1993 को 2nd Mech Inf बटालियन में शामिल हुए। मेजर अधिकारी ने 5 साल तक विभिन्न पदों पर काम करने के बाद 1998 में सुश्री किरण नेगी से शादी की और 09 जून, 1999 को अपनी शादी की पहली सालगिरह मनाई।

कारगिल युद्ध के दौरान, मेजर अधिकारी की टुकड़ी को जम्मू और कश्मीर में तैनात किया गया था और युद्ध के शुरुआती चरणों में उन्होंने महत्वपूर्ण भूमिका निभाई थी। युद्ध के दौरान तोलोलिंग में 16,000

फीट की ऊंचाई पर मेजर अधिकारी को उनकी पत्नी किरण का एक पत्र मिला था। उन्होंने यह कहते हुए इसे अपनी जेब में रख लिया, "कल ऑपरेशन के बाद मैं इसे शांति से पढ़ूंगा," लेकिन दुर्भाग्य से उन्हें कभी पत्र पढ़ने का मौका नहीं मिला।

जब जम्मू और कश्मीर के कारगिल क्षेत्र में पाकिस्तानी सेना द्वारा समर्थित आतंकवादियों की एक सुनियोजित घुसपैठ के कारण भारी लड़ाई हुई, तो भारतीय सेना को घुसपैठियों की ऊंचाइयों को साफ करने का आदेश दिया गया। क्षेत्र को घुसपैठियों से मुक्त कराने के लिए तोलोलिंग पर आक्रमण करने वाले सैनिकों द्वारा पहली बड़ी कार्रवाई की गई। 25 मई को ऑपरेशन विजय शुरू करने के बाद, क्षेत्र में गश्त ड्यूटी पर तैनात लेफ्टिनेंट सौरभ कालिया के लापता होने के बाद सैनिकों को दुश्मन पर हमला करने का आदेश दिया गया था।

30 मई 1999 को, तोलोलिंग क्षेत्र पर कब्जा करने के लिए बटालियन के संचालन के हिस्से के रूप में, 18 ग्रेनेडियर्स से जुड़े मेजर राजेश सिंह अधिकारी को भारी किलेबंद दुश्मन अग्रिम स्थिति पर अपनी अग्रिम चौकी पर कब्जा करके प्रारंभिक बढ़त हासिल करने का काम सौंपा गया था। पोस्ट लगभग 15,000 फीट की ऊंचाई पर एक दुर्गम, पहाड़ी इलाके में स्थित थी और बर्फ से ढकी हुई थी। उस रात वह और 10 ग्रेनेडियर्स की एक टीम ने कुल्हाड़ियों और कुल्हाड़ियों के साथ अपने गढ़वाले उद्देश्य की ओर चढ़ाई शुरू की। प्रमुख अधिकारी बंकर पर कब्जा करने का प्रयास कर रहे तीन 10-मैन टीमों के केंद्रीय खंड का नेतृत्व कर रहा था। प्रमुख अधिकारी ने अपने आदमियों से तीन मीटर आगे केंद्रीय प्रभारी का नेतृत्व किया। बंकर गिर गया, लेकिन मेजर अधिकारी को उनके लक्ष्य से 20 मीटर दूर गोली मार दी गई। उन पर दो परस्पर सहायक बंकरों से सार्वभौमिक मशीनगनों से गोलीबारी की गई। उन्होंने तुरंत रॉकेट लॉन्चर टुकड़ी को बंकर में घुसने का निर्देश दिया और बिना रुके बंकर में घुस गए और दो घुसपैठियों को करीबी मुकाबले में मार गिराया।

इसके बाद उन्होंने अपनी मीडियम मशीन गन (MMG) यूनिट को एक चट्टानी हिस्से के पीछे स्थित होने और दुश्मन को उलझाने का आदेश दिया। हमलावर दल ने उद्देश्य की ओर अपना मार्च जारी

रखा। गंभीर रूप से गोली लगने के बावजूद, प्रमुख अधिकारी ने अपने आदमियों को निर्देश देना जारी रखा और सीधे गोली चलाना जारी रखा। खाली करने से इनकार करते हुए, उन्होंने एक और बंकर पर हमला किया और एक अन्य रहने वाले को मार डाला, इस प्रकार तोलोलिंग में एक और बंकर पर कब्जा कर लिया, जिसने बाद में प्वाइंट 4590 पर कब्जा करने में मदद की। मेजर अधिकारी ने घुसपैठियों को भारी नुकसान पहुंचाया और शिकार बनने से पहले उन्हें पीछे हटने पर मजबूर कर दिया। उसके घावों को। तोलोलिंग की लड़ाई सबसे महत्वपूर्ण लड़ाइयों में से एक थी, जहां प्रमुख अधिकारियों ने बहादुरी से लड़ाई लड़ी और अपने जीवन की कीमत पर लक्ष्य हासिल किया। मेजर अधिकारी एक बहादुर सैनिक और कर्तव्यनिष्ठ अधिकारी थे, जिन्होंने आगे बढ़कर नेतृत्व किया और कर्तव्य पालन करते हुए अपने प्राण न्यौछावर कर दिए।

मेजर राजेश सिंह अधिकारी को उनकी उल्लेखनीय वीरता, नेतृत्व और सर्वोच्च बलिदान के लिए मरणोपरांत देश के दूसरे सर्वोच्च वीरता पुरस्कार "महावीर चक्र" से सम्मानित किया गया।

6

ले.-बलवान-सिंह

ले.-बलवान-सिंह

Scan for Story Videos - www.itibook.com

बलवान सिंह पंघाल का जन्म हरियाणा के झज्जर जिले के ससरौली गांव में हुआ था।

सैनिक स्कूल कुंजपुर के पूर्व छात्र लेफ्टिनेंट बलवान सिंह को 06 मार्च 1999 को ओटीए से 18 ग्रेनेडियर्स में कमीशन मिला था। कारगिल युद्ध में उनकी बहादुरी के लिए उन्हें महावीर चक्र (एमवीसी) से सम्मानित किया गया था।

लेफ्टिनेंट बलवान सिंह और उनकी इकाइयों को 03 जुलाई 1999 को पूर्वोत्तर से बहु-आयामी हमले के हिस्से के रूप में टाइगर हिल टॉप पर हमला करने का काम सौंपा गया था।

उद्देश्य का मार्ग 16,500 फीट की ऊंचाई पर दांतेदार चट्टानों और मोटी बर्फ से घिरा हुआ था। अधिकारी ने साहस और दृढ़ संकल्प के साथ अपना कर्तव्य निभाया।

उनके नेतृत्व और प्रोत्साहन के तहत टीम निर्धारित स्पर तक पहुंचने के लिए तीव्र तोपखाने की आग के तहत बारह घंटे से अधिक समय तक चलती रही। इस कदम ने दुश्मन को पूरी तरह से

आश्चर्यचकित कर दिया क्योंकि उनकी टीम ने टाइगर हिल की चोटी तक पहुंचने के लिए क्लिफ असॉल्ट क्लाइम्बिंग उपकरण का इस्तेमाल किया।

तत्वों को देखकर दुश्मन घबरा गया और भारी स्वचालित गोलीबारी शुरू कर दी जिससे अधिकारी और उनकी टीम गंभीर रूप से घायल हो गई।

उन्होंने बाहर निकलने से इनकार कर दिया और अपनी चोटों और गंभीर स्थिति से बेखबर होकर घुसपैठियों को घेरने के लिए तेजी से आगे बढ़े। उनके विरोधियों के पास तत्व की सटीक आग से बचने के अलावा कोई विकल्प नहीं था।

दुश्मन की गोलाबारी का सामना करने के लिए अधिकारी के अदम्य साहस और दृढ़ संकल्प ने टाइगर हिल पर कब्जा कर लिया, जो ऑपरेशन विजय में हमारी सेना का सबसे महत्वपूर्ण उद्देश्य था।

7

मेजर रामास्वामी परमेश्वरन

मेजर रामास्वामी परमेश्वरन

Indian Army

Scan for Story Videos - www.itibook.com

मेजर रामास्वामी परमेश्वरन का जन्म 13 सितंबर 1946 को बॉम्बे, महाराष्ट्र में हुआ था। श्री के.एस. रामास्वामी और श्रीमती जानकी के पुत्र, उन्होंने अपनी स्कूली शिक्षा 1963 में SIES (साउथ इंडियन एजुकेशन सोसाइटी) हाई स्कूल, मुंबई से पूरी की। इसके बाद उन्होंने 1968 में एसआईईएस कॉलेज से विज्ञान में स्नातक की पढ़ाई पूरी की। बाद में वह ओटीए से जुड़ गए। चेन्नई और 16 जून 1972 को पारित हुआ। उन्हें भारतीय सेना की प्रसिद्ध महार रेजिमेंट के 15 महार में नियुक्त किया गया था और वहां उन्होंने आठ साल तक सेवा की।

1981 में, मेजर परमेस्वरन ने सुश्री उमा से शादी की जो एक कवयित्री और लेखिका थीं और उनका सुखी वैवाहिक जीवन शुरू हुआ। बाद में उन्हें 1983 में 5 महार बटालियन में सेवा देने के लिए स्थानांतरित कर दिया गया। 15 महार और 5 महार बटालियन में अपनी सेवा के दौरान, मेजर परमेश्वरन ने उत्तर पूर्वी क्षेत्र में उग्रवाद विरोधी अभियानों में भाग लिया और जल्द ही दृढ़ और अदम्य होने के लिए प्रतिष्ठा अर्जित की। नेतृत्व कौशल। अपने आदमियों द्वारा "परी साहिब" कहे जाने वाले मेजर परमेश्वरन हमेशा अपनी यूनिट द्वारा किए गए चुनौतीपूर्ण मिशनों में सबसे आगे थे। जब ओप पवन को लॉन्च

किया गया था, तो मेजर परमेश्वरन को 8 महार बटालियन में सेवा देने के लिए चुना गया था, जो 1987 में श्रीलंका में उतरने वाली पहली इकाइयों में से एक थी।

मेजर परमेस्वरन की इकाई 54 इन्फैंट्री डिवीजन का हिस्सा थी जिसे 29 जुलाई 1987 की भारत-श्रीलंका संधि के कार्यान्वयन की देखरेख करने का काम सौंपा गया था। अगस्त 1987 में भारतीय सेना में शामिल होने के बाद, उग्रवादियों को आत्मसमर्पण करना था लेकिन लिट्टे पीछे हट गया। और भारतीय सेना के खिलाफ युद्ध छेड़ दिया। 25 नवंबर 1987 की देर रात, मेजर परमेस्वरन को एलटीटीई के गढ़ जाफना में उड़ुविल के पास कांथ्रोदाई में एक तलाशी अभियान पर सैनिकों की एक टीम का नेतृत्व करने के लिए सौंपा गया था। जब वे एलटीटीई उग्रवादियों द्वारा छिपाए गए हथियारों की खेप खोजने के लिए रास्ते में थे, तो भारी हथियारों से लैस एलटीटीई उग्रवादियों के एक समूह ने उन पर घात लगाकर हमला कर दिया। मेजर परमेस्वरन और उनकी लगभग 30 सैनिकों की टीम अनजाने में आतंकवादियों के ठिकाने में घुस गई थी और उन्हें सभी दिशाओं से भारी गोलीबारी का सामना करना पड़ा था।

आतंकवादी एके-47, ग्रेनेड, विस्फोटक और घातक एचएमजी (हैवी मशीन गन) का इस्तेमाल कर रहे थे, जिससे भारी जनहानि हुई। लिट्टे के कैडरों ने सैनिकों की आवाजाही को प्रतिबंधित करने वाले क्षेत्रों में भी खनन किया था, जो पूरी तरह से असुविधाजनक था। मेजर परमेस्वरन ने तुरंत स्थिति की गंभीरता को भांप लिया और अपने सैनिकों को बचाने के लिए जवाबी हमला करने का फैसला किया। मेजर परमेस्वरन अपने 10 आदमियों के साथ अपनी योजना को अंजाम देने के लिए आगे बढ़े। एचएमजी से लगातार हो रही गोलीबारी के बावजूद मेजर परमेश्वरन ने कड़ा संघर्ष किया और उग्रवादियों को घेर लिया। अपनी सुरक्षा की चिंता किए बिना, मेजर परमेश्वरन अपने पेट के बल गिर पड़े और नारियल के बाग से होते हुए घात की ओर बढ़ते रहे।

जैसे ही मेजर परमेश्वरन को पता चला कि उग्रवादी घिरे हुए हैं, उन्होंने उन्हें चौंका दिया। लेकिन तभी एक नारियल के पेड़ पर बैठे एक

स्नाइपर के एचएमजी ने मेजर परमेश्वरन को उनकी बाईं कलाई पर पकड़ लिया और उनकी बांह लगभग काट दी। निडर होकर, उसने अपने सबसे करीबी आतंकवादी पर हमला किया, उसका हथियार पकड़ा और उसे गोली मार दी। हालांकि, उसी समय एक और एचएमजी धमाका उनके सीने में लगा। उसकी जेब में एक मिनी क्लियर पिस्टल थी और वह सफलता के संकेत भेजने के लिए अपने राउंड का इस्तेमाल करता था। यह एचएमजी के प्रभाव से फट गया और मेजर परमेश्वरन जमीन पर गिर पड़े और शहीद हो गए। यद्यपि उनके छोटे कमांडर की हार ने उनके सैनिकों को झकझोर कर रख दिया, लेकिन वे प्रेरित हुए और उग्रवादियों को हराने में सफल रहे।

मेजर रामास्वामी परमेस्वरन को उनके शांत साहस, अदम्य लड़ाई की भावना और सर्वोच्च बलिदान के लिए देश के सर्वोच्च वीरता पुरस्कार "परमवीर चक्र" से सम्मानित किया गया। वह श्रीलंका में आईपीकेएफ ऑपरेशन से पीवीसी पुरस्कार के एकमात्र प्राप्तकर्ता बने और प्रतिष्ठित पुरस्कार प्राप्त करने वाले ओटीए चेन्नई के पहले व्यक्ति।

8

सूबेदार करम सिंह

सूबेदार करम सिंह

Scan for Story Videos - www.itibook.com

लांस नायक करम सिंह परमवीर चक्र, एमएम (15 सितंबर 1915 - 20 जनवरी 1993), एक सिख, बरनाला, पंजाब में पैदा हुए थे। वह एक भारतीय सैन्य युद्ध नायक थे, जिन्हें 1948 में भारत के सर्वोच्च युद्धकालीन सैन्य पुरस्कार परमवीर चक्र से सम्मानित किया गया था। सिंह भारतीय सेना से मानद कप्तान के रूप में सेवानिवृत्त हुए। उनके परिवार में उनकी पत्नी गुरदयाल कौर थीं, जिनकी 19 जून 2010 को मृत्यु हो गई थी। वह पहले मरणोपरांत और पहले सिख पीवीसी पुरस्कार विजेता थे। भारत के प्रथम राष्ट्रपति डॉ. यह पुरस्कार उन्हें राजेंद्र प्रसाद से मिला। उन्हें 15 अगस्त 1947 को स्वतंत्रता के बाद राष्ट्रीय ध्वज फहराने के लिए भारत के पहले प्रधान मंत्री पंडित जवारलाल नेहरू द्वारा चुना गया था।

वह 15 सितंबर 1941 को सिख रेजीमेंट की पहली बटालियन में शामिल हुए। करम सिंह द्वितीय विश्व युद्ध में भारत के लिए लड़े और उन्हें 14 मार्च 1944 को सैन्य पदक से सम्मानित किया गया।

सिंह ने 1947 के भारत-पाकिस्तान युद्ध के दौरान अपना परमवीर चक्र अर्जित किया। युद्ध में, भारत और पाकिस्तान ने टिथवाल सेक्टर पर नियंत्रण के लिए लड़ाई लड़ी। भारत ने 23 मई 1948, 1 को टिथवाल

पर कब्जा कर लिया, लेकिन बाद में भारी पाकिस्तानी जवाबी हमले के कारण स्थिति खो दी। मई और अक्टूबर 1948 के बीच, दोनों सेनाओं ने तिथवाल में कई लड़ाइयाँ लड़ीं। कंपनी हवलदार मेजर पीरू सिंह शेखावत ने 17 और 18 जुलाई 1948 के बीच कृष्णागंगा नदी के पास लड़ाई के दौरान असाधारण वीरता का प्रदर्शन किया और उन्हें मरणोपरांत परमवीर चक्र से सम्मानित किया गया।

अक्टूबर 1948 में, पाकिस्तानी सेना ने टिथवाल के दक्षिण में रिचमार गली और टिथवाल के पूर्व में नास्ताचूर दर्रे पर कब्जा करने के उद्देश्य से हमला किया। सिंह रिचमार गली इलाके में अग्रिम चौकी का नेतृत्व कर रहे थे। शुरुआती हमलों के दौरान, दुश्मन की भारी गोलाबारी ने पलटन क्षेत्र के सभी बंकरों को नष्ट कर दिया। अपने कमांडर के साथ संचार भी टूट गया था, इसलिए करम सिंह अपनी स्थिति को अपडेट करने या सुदृढीकरण के लिए कॉल करने में असमर्थ थे। हालांकि घायल होने के बावजूद, उन्होंने दो घायल साथियों को एक अन्य व्यक्ति की मदद से कंपनी की मुख्य स्थिति में वापस लाया और रिचमार गली का बचाव किया।

पांचवें दुश्मन के हमले में दो बार घायल हुए, सिंह ने हिलने से इनकार कर दिया और पहली पंक्ति की खाइयों को पकड़ लिया। जब दुश्मन सैनिकों ने अग्रिम पंक्ति के पास स्थिति प्राप्त की, तो सिंह अपनी खाई से बाहर कूद गए और दो घुसपैठियों को मौत के घाट उतार दिया। इस दुस्साहसी कार्रवाई ने दुश्मन को इतना निराश कर दिया कि उन्होंने हमले को तोड़ दिया। कुल मिलाकर, उस दिन चौकी पर आठ बार हमला किया गया और हर बार सिखों ने दुश्मन को खदेड़ दिया। तिथवाल की लड़ाई में उनकी भूमिका के लिए, सिंह परम वीर चक्र के दूसरे प्राप्तकर्ता बने।

23 मई 1948 को जम्मू-कश्मीर के तिथवाल पर कब्जा कर लिया गया। उस तिथि के बाद, दुश्मन ने रिचमार गली और वहां से फिर से कब्जा करने के कई प्रयास किए। 13 अक्टूबर 1948 को, ईद के मौके पर, दुश्मन ने रिचमार गली पर कब्जा करने के लिए एक ब्रिगेड हमले शुरू करने का फैसला किया और तिथवाल को दरकिनार कर श्रीनगर घाटी में

प्रवेश किया। लांस नायक करम सिंह रिचमार गली में एक डिविजन को लीड कर रहे थे।

दुश्मन ने भारी तोपों और मोर्टार से हमला किया। आग इतनी सटीक थी कि पलटन लोकेल में एक भी बंकर नहीं बचा था।

संचार खाइयों में घुस गया। बहादुर लांस नायक करम सिंह एक बंकर से दूसरे बंकर में गए, घायलों की मदद की और पुरुषों को लड़ने के लिए प्रेरित किया।

उस दिन दुश्मन ने आठ अलग-अलग हमले किए। ऐसे ही एक हमले में, दुश्मन पलटन इलाके में पैर जमाने में कामयाब रहा। तुरंत, लांस नायक करम सिंह, जो तब तक गंभीर रूप से घायल हो गए थे, ने खुद को कुछ लोगों के साथ जवाबी हमले में झोंक दिया, और एक करीबी मुठभेड़ के बाद दुश्मन को पीछे खदेड़ दिया, जिसमें कई दुश्मन मारे गए, संगीनों के साथ भेज दिया।

लांस नायक करम सिंह ने खुद को संकट में पड़े लोगों का एक निडर नेता साबित किया। कुछ भी उसे वश में नहीं कर सकता था और कोई भी आग या परेशानी उसकी आत्मा को नहीं तोड़ सकती थी।

23 मई 1948 को जम्मू-कश्मीर के तिथवाल पर कब्जा कर लिया गया। उस तिथि के बाद, दुश्मन ने रिचमार गली और वहां से फिर से कब्जा करने के कई प्रयास किए। 13 अक्टूबर 1948 को, ईद के मौके पर, दुश्मन ने रिचमार गली पर कब्जा करने के लिए एक ब्रिगेड हमले शुरू करने का फैसला किया और तिथवाल को दरकिनार कर श्रीनगर घाटी में प्रवेश किया। लांस नायक करम सिंह रिचमार गली में एक डिविजन को लीड कर रहे थे।

दुश्मन ने भारी तोपों और मोर्टार से हमला किया। आग इतनी सटीक थी कि पलटन लोकेल में एक भी बंकर नहीं बचा था। संचार खाइयां घुस गईं। बहादुर लांस नायक करम सिंह एक बंकर से दूसरे बंकर में गए, घायलों की मदद की और पुरुषों को लड़ने के लिए प्रेरित किया।

उस दिन दुश्मन ने आठ अलग-अलग हमले किए। ऐसे ही एक हमले में, दुश्मन पलटन इलाके में पैर जमाने में कामयाब रहा। तुरंत, लांस नायक करम सिंह, जो तब तक गंभीर रूप से घायल हो गए थे, ने खुद को

कुछ लोगों के साथ जवाबी हमले में झोंक दिया, और एक करीबी मुठभेड़ के बाद दुश्मन को पीछे खदेड़ दिया, जिसमें कई दुश्मन मारे गए, संगीनों के साथ भेज दिया।

लांस नायक करम सिंह ने खुद को संकट में पड़े लोगों का एक निडर नेता साबित किया। कुछ भी उसे वश में नहीं कर सकता था और कोई भी आग या परेशानी उसकी आत्मा को नहीं तोड़ सकती थी।

9

जदुनाथ सिंह

जदुनाथ सिंह

Scan for Story Videos - www.itibook.com

जदुनाथ सिंह (1916 - 1948) एक भारतीय सेना के सिपाही थे, जिन्हें 1947 के भारत-पाकिस्तान युद्ध के दौरान उनके कार्यों के लिए मरणोपरांत भारत के सर्वोच्च सैन्य अलंकरण परमवीर चक्र से सम्मानित किया गया था।

सिंह 1941 में ब्रिटिश भारतीय सेना में शामिल हुए और द्वितीय विश्व युद्ध में बर्मा में जापानियों से लड़ते हुए सेवा की। बाद में उन्होंने 1947 के भारत-पाकिस्तान युद्ध में भारतीय सेना के सदस्य के रूप में भाग लिया। 6 फरवरी 1948 को नौशहर के उत्तर में ताइन धार में कार्रवाई के लिए नाइक सिंह को परम वीर चक्र से सम्मानित किया गया था।

सिंह ने नौ-मैन फॉरवर्ड सेक्शन पोस्ट का नेतृत्व किया। हालांकि आगे बढ़ती पाकिस्तानी सेना से अधिक संख्या में, सिंह ने चौकी को पार करने के तीन प्रयासों को विफल करने के लिए अपने आदमियों का नेतृत्व किया। दूसरे हमले में वह घायल हो गया। एक स्टेन गन के साथ सशस्त्र, उन्होंने हमलावरों को पीछे हटने के लिए अकेले तीसरा हमला किया। ऐसा करने पर उसकी हत्या कर दी गई। शाहजहाँपुर में एक खेल स्टेडियम और एक कच्चे तेल के टैंकर का नाम सिंह के नाम पर रखा

गया था।

सिंह का जन्म 21 नवंबर 1916 को उत्तर प्रदेश के शाहजहाँपुर के खजूरी गाँव में एक राठौड़ राजपूत परिवार में हुआ था। वह बीरबल सिंह राठौड़, एक किसान और जमुना कंवर के पुत्र थे। वह छह भाइयों और एक बहन के साथ आठ बच्चों में से तीसरे थे।

हालाँकि सिंह ने चौथे वर्ष तक की शिक्षा अपने गाँव के एक स्थानीय स्कूल में पूरी की, लेकिन उनके परिवार की आर्थिक स्थिति ने उन्हें अपनी शिक्षा जारी रखने से रोक दिया। उनका बचपन खेत के आसपास खेती के काम में अपने परिवार की मदद करने में बीता। मौज-मस्ती के लिए उन्होंने कुश्ती लड़ी और आखिरकार अपने गांव के चैंपियन पहलवान बन गए। उनके चरित्र और कल्याण के लिए उन्हें "हनुमान भगत बाल ब्रह्मचारी" उपनाम दिया गया था। यह हिंदू भगवान हनुमान के बाद था जो जीवन भर ब्रह्मचारी रहे। सिंह ने कभी शादी नहीं की।

द्वितीय विश्व युद्ध के दौरान, सिंह 21 नवंबर 1941 को फतेहगढ़ रेजिमेंटल सेंटर में ब्रिटिश भारतीय सेना की 7 वीं राजपूत रेजिमेंट में भर्ती हुए। अपना प्रशिक्षण पूरा करने के बाद, सिंह को रेजिमेंट की पहली बटालियन में नियुक्त किया गया। 1942 के अंत में, बर्मा अभियान के दौरान, बटालियन को अराकान प्रांत में तैनात किया गया, जहाँ इसने जापानियों के खिलाफ लड़ाई लड़ी। बटालियन 47वीं भारतीय इन्फैंट्री ब्रिगेड का हिस्सा थी, जिसे 14वीं भारतीय इन्फैंट्री डिवीजन को सौंपा गया था। 1 9 42 के अंत में और 1 9 43 की शुरुआत में, मेयू रेंज के आसपास ऑपरेशन किए गए, मेयू प्रायद्वीप की तरफ डोनबैक की ओर बढ़ते हुए अक्याब द्वीप पर कब्जा करने के लिए ऑपरेशन के हिस्से के रूप में। दिसंबर 1942 में, हालांकि राजपूतों को कोंडन नामक गांवों के एक समूह के आसपास पकड़ा गया था, धीरे-धीरे डोनबाइक की ओर बढ़ना जारी रहा। वहां ब्रिगेड का हमला रुक गया और फरवरी 1943 की शुरुआत में 55वीं भारतीय इन्फैंट्री ब्रिगेड द्वारा राहत मिली। अप्रैल की शुरुआत में, जापानियों ने पलटवार किया। 47वीं ब्रिगेड को इण्डान के चारों ओर से काट दिया गया और अंततः एलाइड लाइन पर लौटने के लिए छोटे समूहों में विभाजित कर दिया गया। ब्रिगेड के जीवित

सदस्य भारत लौट आए। 5 6 1945 में, सिंह की बटालियन को द्वितीय भारतीय इन्फैंट्री ब्रिगेड को सौंपा गया और अंडमान और निकोबार द्वीप समूह की रक्षा का जिम्मा संभाला। द्वीपों पर आंशिक रूप से जापानी सेना का कब्जा था, जिन्होंने 7 अक्टूबर 1945 को आत्मसमर्पण कर दिया था। भारत लौटने के बाद, सिंह को नाइक (कॉर्पोरल) के पद पर पदोन्नत किया गया। विभाजन के बाद 7वीं राजपूत रेजीमेंट को भारतीय सेना को सौंप दिया गया। सिंह नवगठित भारतीय रेजिमेंट के साथ बने रहे और अपनी पहली बटालियन में सेवा करना जारी रखा।

अक्टूबर 1947 में, जम्मू और कश्मीर में पाकिस्तानी हमलावरों के हमले के बाद, भारतीय मंत्रिमंडल की रक्षा समिति ने सेना मुख्यालय को सैन्य प्रतिक्रिया शुरू करने का निर्देश दिया। निर्देश के मुताबिक सेना ने हमलावरों को खदेड़ने के लिए कई ऑपरेशन की योजना बनाई। ऐसे ही एक ऑपरेशन में, 50वीं पैरा ब्रिगेड, जिससे राजपूत रेजिमेंट जुड़ी हुई थी, को नवंबर के मध्य में नौशहर को सुरक्षित करने और झंगर में एक आधार स्थापित करने का आदेश दिया गया था।

खराब मौसम ने इस ऑपरेशन को रोक दिया और 24 दिसंबर को नौशहरा सेक्टर में झंगर, रणनीतिक रूप से लाभप्रद स्थिति पर कब्जा कर लिया, जिसने उन्हें मीरपुर और पुंछ (शहर) पुंछ के बीच संचार की लाइनों पर नियंत्रण दिया और एक लॉन्चिंग पॉइंट प्रदान किया, जहां से हमले हुए। लॉन्च किया जा सकता है। नौशहर में किया जा सकता है। अगले महीने में, भारतीय सेना ने पाकिस्तानी सेना को आगे बढ़ने से रोकने के लिए नौशहर के उत्तर-पश्चिमी हिस्से में कई अभियान चलाए। 50 पैरा ब्रिगेड के कमांडिंग ऑफिसर ब्रिगेडियर मोहम्मद उस्मान ने संभावित हमले का मुकाबला करने के लिए आवश्यक इंतजाम किए थे। शत्रु के संभावित दृष्टिकोण पर छोटे समूहों में सैनिकों को तैनात किया गया था।

नौशहर के उत्तर में तेन धर एक ऐसा रास्ता था जिसके लिए सिंह की बटालियन जिम्मेदार थी। 6 फरवरी 1948 को सुबह 6:40 बजे, पाकिस्तानी सैनिकों ने तेन धार रिज पर गश्त कर रही बटालियन के पिकेट पर गोलियां चलाईं। दोनों ओर से फायरिंग हुई। सुबह के कोहरे

के अंधेरे ने हमलावर पाकिस्तानियों को पिकेट तक पहुंचने में मदद की। कुछ ही समय में, ताइन धार किले की चौकियों पर होगाइन लोगों ने बड़ी संख्या में पाकिस्तानी सैनिकों को अपनी ओर आते देखा। सिंह नौ जवानों की कमान में थे, जो तैन धार में दूसरी पिकेट की अग्रिम चौकी पर तैनात थे। सिंह और उनके डिवीजन ने पाकिस्तानी सेना द्वारा उनकी स्थिति पर कब्जा करने के लगातार तीन प्रयासों को विफल करने में कामयाबी हासिल की। तीसरी लहर के अंत तक, पोस्ट पर मौजूद 27 में से 24 लोग मारे गए या गंभीर रूप से घायल हो गए। पोस्ट पर सेक्शन कमांडर के रूप में सिंह ने "अनुकरणीय" नेतृत्व का प्रदर्शन किया और अपने जवानों को तब तक प्रेरित किया जब तक कि उन्होंने अपनी चोटों के कारण दम नहीं तोड़ दिया। यह नौशहर की लड़ाई के लिए एक महत्वपूर्ण क्षण साबित हुआ। इस बीच, ब्रिगेडियर उस्मान ने तेन धार को मजबूत करने के लिए तीसरी (पैरा) बटालियन, राजपूत रेजिमेंट की एक कंपनी भेजी। इन चौकियों पर फिर से कब्जा करना तब तक असंभव होता जब तक कि सिंह ने पाकिस्तानी सेना को लंबे समय तक उलझाए नहीं रखा होता।

6 फरवरी 1948 को, सिंह को उनके कार्यों के लिए मरणोपरांत भारत के सर्वोच्च सैन्य सम्मान, परमवीर चक्र से सम्मानित किया गया था। आधिकारिक उद्धरण इस प्रकार है:

6 फरवरी, 1948 को त्यानधार में नंबर 2 पिकेट पर, नंबर 27373 नाइक जदुनाथ सिंह दुश्मन के हमले का खामियाजा भुगतने वाले फॉरवर्ड सेक्शन पोस्ट पर थे। भारी बाधाओं के खिलाफ नौ पुरुषों ने छोटा पद हासिल किया। दुश्मन ने इस चौकी पर काबू पाने के लिए एक के बाद एक हमले किए। पहली लहर भीषण आक्रमण करते हुए चौकी तक जा पहुँची। नायक जदुनाथ सिंह ने बड़ी बहादुरी और नेतृत्व के महान गुणों का प्रदर्शन करते हुए अपने पास मौजूद छोटी सेना का ऐसा उपयोग किया कि दुश्मन पूरी तरह से भ्रमित हो गया। उनके चार आदमी घायल हो गए लेकिन नाइक जौनाथ सिंह ने फिर से एक और हमले का सामना करने के लिए अपनी कमजोर सेना को पुनर्गठित करके अच्छे नेतृत्व गुण दिखाए। उनकी शीतलता और साहस ऐसा था कि

पुरुष जुट गए और एक और हमले के लिए तैयार हो गए जो अधिक दृढ़ संकल्प और पहले की तुलना में अधिक संख्या में आया था। हालांकि निराशाजनक रूप से निरस्त कर दिया गया, पोस्ट ने नाइक जदुनाथ सिंह के वीरतापूर्ण नेतृत्व में विरोध किया। सभी घायल हो गए, और नाइक जदुनाथ सिंह ने व्यक्तिगत रूप से घायल ब्रेन गनर से ब्रेन गन ले ली, हालांकि उनका दाहिना हाथ घायल हो गया था। पोस्ट वॉल पर दुश्मन सही था लेकिन नाइक जदुनाथ सिंह ने एक बार फिर कार्रवाई में बड़ी क्षमता और पराक्रम दिखाया। अपनी व्यक्तिगत सुरक्षा की पूरी परवाह न करते हुए उन्होंने शीतलता और साहस की मिसाल पेश करते हुए अपने आदमियों को लड़ने के लिए प्रोत्साहित किया। उसकी आग इतनी विनाशकारी थी कि आसन्न हार की तरह जो दिख रहा था वह जीत में बदल गया, और दुश्मन भ्रम में पीछे हट गया, मृत और जमीन पर घायल हो गया। सर्वोच्च वीरता के इस कार्य और नेतृत्व और दृढ़ संकल्प के एक बेहतरीन उदाहरण से, नाइक जदुनाथ सिंह ने पोस्ट को दूसरे हमले से बचा लिया। तब तक चौकी पर मौजूद सभी जवान घायल हो गए। दुश्मन ने बिना रुके अपना तीसरा और अंतिम हमला किया और इस चौकी पर कब्जा करने का निश्चय किया। नाइक जदुनाथ सिंह, जो अब घायल हो गए थे, तीसरी बार वस्तुतः अकेले दम पर युद्ध के लिए तैयार हुए। बड़े साहस और दृढ़ संकल्प के साथ, वह संगारा बी से बाहर आया और अंत में, एक स्टेन गन के साथ, आगे बढ़ते दुश्मन पर एक हाथ से एक शानदार हमला किया, जो पूरी तरह से हैरान होकर, भ्रम में भाग गया। नायक जदुनाथ सिंह, हालांकि, सिर और सीने में दो गोलियां लगने के बाद अपने तीसरे और अंतिम चार्ज में एक वीरतापूर्ण मौत हो गई। इस प्रकार, आगे बढ़ते दुश्मन के खिलाफ एक हाथ से हमला करते हुए, इस गैर-कमीशन अधिकारी ने वीरता और आत्म-बलिदान का सर्वोच्च कार्य किया, और इस तरह अपने विभाजन को बचा लिया - बल्कि, अपने पूरे पिकेट को - बहुत ही महत्वपूर्ण स्थिति में दुश्मन से बचने से बचा लिया। नुशेरा की रक्षा के लिए लड़ाई में एक मंच।

10

मेजर सोमनाथ शर्मा

मेजर सोमनाथ शर्मा

Indian Army

Scan for Story Videos - www.itibook.com

मेजर सोमनाथ शर्मा का जन्म 31 जनवरी 1923 को हिमाचल प्रदेश (तत्कालीन पंजाब प्रांत) में कांगड़ा जिले के ददाह जिले में हुआ था। वह वास्तव में एक सैन्य परिवार से आया था जिसमें उसके पिता, भाई और बहन सभी सेना में सेवारत थे। उनके पिता, मेजर जनरल विश्वनाथ शर्मा, एक सेना अधिकारी थे, जैसा कि उनके भाई लेफ्टिनेंट जनरल सुरिंदर नाथ शर्मा और जनरल विश्वनाथ शर्मा थे, जबकि उनकी बहन, मेजर कमला तिवारी, एक चिकित्सक थीं। उन्होंने नैनीताल में शेरवुड कॉलेज में पढ़ाई की और प्रिंस ऑफ वेल्स रॉयल मिलिट्री कॉलेज, देहरादून में शामिल होने से पहले दस साल की उम्र में रॉयल मिलिट्री अकादमी में शामिल हो गए। उनकी सैन्य सेवा 22 फरवरी 1942 को शुरू हुई, क्योंकि उन्हें ब्रिटिश भारतीय सेना की 8वीं बटालियन, 19वीं हैदराबाद रेजिमेंट (बाद में 4वीं बटालियन कुमाऊं रेजिमेंट) में नियुक्त किया गया था, वही रेजिमेंट जिसमें उनके मामा, कैप्टन कृष्ण दत्त वासुदेव ने सेवा की थी।

द्विवतीय विश्व युद्ध में मेजर सोम नाथ शर्मा ने बर्मा में ब्रिटिश सेना के साथ कर्नल केएस थिमैयाह (बाद में सेनाध्यक्ष) के नेतृत्व में लड़ाई लड़ी। अपनी पहली पोस्टिंग में उन्हें अराकान में तैनात किया गया और

उन्होंने अपनी काबिलियत साबित की। अराकान में जापानियों से लड़ते हुए उनका एक सैनिक घायल हो गया था और दुश्मन की गोलाबारी के बावजूद उन्होंने घायल सैनिक "बहादुर" को कंधे पर उठाकर उपचार के लिए सुरक्षित स्थान पर पहुँचाया। इस वीरता के लिए उन्हें 'मेंशन इन डिस्पैच' पुरस्कार से सम्मानित किया गया।

03 नवंबर 1947 को मेजर सोमनाथ शर्मा और उनकी कंपनी को बडगाम गांव पहुंचने और वहां की स्थिति को संभालने का आदेश दिया गया। उनका बायां हाथ घायल हो गया था और प्लास्टर कास्ट हो गया था, क्योंकि उन्होंने हॉकी मैच में इसे तोड़ दिया था। लेकिन उन्होंने अपनी कंपनी के साथ लड़ाई में बने रहने पर जोर दिया। बडगाम उन रास्तों में से एक था, जिनसे होकर पाकिस्तानी हमलावर श्रीनगर की ओर बढ़ रहे थे। बख्तरबंद सैनिकों की दो कंपनियों को बडगाम फ्रंट, मेजर सोमनाथ के तहत 4 कुमाऊं की कंपनी ए और कैप्टन रोनाल्ड वुड के तहत 1 पैरा कुमाऊं की कंपनी डी को सौंपा गया था। तैनात की गई इकाइयां ब्रिगेडियर एलपी सेन की कमान में थीं।

गाँव में, 500 हमलावरों का एक समूह गुलमर्ग से बडगाम आया और जल्द ही कंपनी को तीन तरफ से घेर लिया। मेजर शर्मा की कंपनी भारी गोलीबारी और मोर्टार गोलाबारी की चपेट में आ गई और भारी जनहानि हुई। वे सात से एक से अधिक थे, लेकिन मेजर शर्मा जानते थे कि बडगाम गाँव बहुत महत्वपूर्ण था और उनकी स्थिति के नुकसान से श्रीनगर शहर और हवाई अड्डा असुरक्षित हो जाएगा।

मेजर शर्मा ने अपनी कंपनी से बहादुरी से लड़ने का आग्रह किया और पत्रिकाओं को लोड करने और उन्हें लाइट मशीन गन चलाने वाले सैनिकों को आपूर्ति करने का कार्य किया। वह अपने प्राणों की परवाह किए बिना अपने आदमियों को प्रेरित करने के लिए एक पद से दूसरे पद तक दौड़ता रहा। दुश्मन से लड़ते हुए गोला-बारूद के बीच में मोर्टार का गोला फट गया जिससे उसके पास विस्फोट हो गया और वह शहीद हो गया। उनकी मृत्यु से पहले ब्रिगेड मुख्यालय के लिए उनका अंतिम प्रसारण अभी भी हमें प्रेरित करता है, 'दुश्मन हमसे केवल 50 गज की दूरी पर है। हम संख्या में अधिक हैं। हम विनाशकारी आग के अधीन हैं।

मैं एक इंच भी पीछे नहीं हटूंगा बल्कि अपने आखिरी आदमी और अपने आखिरी दौर तक लड़ूंगा।

जब तक राहत कंपनी बडगाम पहुंची, उनकी स्थिति जा चुकी थी। हालांकि, हमलावरों के 200 हताहतों ने उनकी प्रगति को धीमा कर दिया, जिससे भारतीय सैनिकों को श्रीनगर हवाई क्षेत्र में उड़ान भरने और श्रीनगर के सभी मार्गों को अवरुद्ध करने का समय मिल गया। कहा जा सकता है कि मेजर सोमनाथ शर्मा ने श्रीनगर और शायद कश्मीर के पतन को रोकने में महत्वपूर्ण भूमिका निभाई थी।

मेजर सोमनाथ शर्मा ने 25 वर्ष की आयु में देश के लिए अपने प्राण न्यौछावर कर दिए और उन्हें स्वतंत्र भारत के पहले "परमवीर चक्र" से सम्मानित किया गया। उनकी बहादुरी, नेतृत्व और अमर लड़ाई की भावना की कहानी आने वाली पीढ़ियों को प्रेरित करती रहेगी।

3 नवंबर 1947 को मेजर सोमनाथ शर्मा की कंपनी को कश्मीर घाटी के बडगाम गांव में लड़ाकू गश्ती करने का आदेश दिया गया। वह 3 नवंबर को पहली रोशनी में अपने उद्देश्य पर पहुंच गया और 1100 बजे बडगाम के दक्षिण में स्थित हो गया। दुश्मन, लगभग 700, ने 3 इंच मोर्टार, एलएमजी और राइफल्स के साथ अपनी कंपनी की स्थिति पर हमला किया। पूरी तरह से बहिष्कृत और तीन तरफ से आग लगने से स्थिति में आ गई, कंपनी को भारी हताहत होने लगे।

स्थिति की गंभीरता को ध्यान में रखते हुए और अगर दुश्मन के हमले को रोका नहीं गया तो श्रीनगर और हवाईअड्डे दोनों के लिए तत्काल खतरे को देखते हुए, हम होम के माध्यम से श्रीनगर की खाई को बंद करने के लिए सुदृढ़ीकरण नहीं लाया जा सका, मेजर शर्मा ने अपनी कंपनी से लड़ने का आग्रह किया। दुश्मन, बड़ी वीरता के साथ, अपने विभाजन की ओर खुले मैदान में भागता रहा, और खुद को पकड़ने के लिए प्रेरित करने के लिए खुद को एक भारी और सटीक आग के हवाले कर दिया। अपने धैर्य को बनाए रखते हुए, उन्होंने कुशलतापूर्वक अपने खंड की आग को आगे बढ़ते हुए दुश्मन की ओर निर्देशित किया। उन्होंने बार-बार दुश्मन की आग के पूरे प्रकोप का सामना किया और दुश्मन की पूरी नजर में हमारे विमानों को उनके लक्ष्य तक पहुंचाने के लिए कपड़े

की हवाई पट्टी बनाई।

यह महसूस करते हुए कि दुर्घटना ने उनके प्रकाश स्वचालित की प्रभावशीलता को प्रभावित किया था, अधिकारी, जिसका बायां हाथ प्लास्टर कास्ट में था, ने व्यक्तिगत रूप से पत्रिकाओं और प्रकाश मशीन को लोड किया।बंदूकधारियों को देने लगे। एक मोर्टार गोला गोला बारूद के केंद्र में गिरा और उसमें विस्फोट हो गया जिससे उसकी मौत हो गई।

मेजर शर्मा की कंपनी ने अपनी जमीन पकड़ ली और लगभग पूरी तरह से घिरे खंडहरों के साथ पीछे हट गई। उनके प्रेरक उदाहरण ने दुश्मन को छह घंटे की देरी की, इस प्रकार हमारे सुदृढीकरण को दुश्मन की प्रगति की जांच करने के लिए हम होम में स्थिति में आने का समय मिला। उनका नेतृत्व, शौर्य और प्रखर रक्षा ऐसी थी कि वीर अधिकारी की मृत्यु के एक घंटे के भीतर उनके लोगों को छह घंटे के लिए सात से एक दुश्मन से लड़ने के लिए प्रेरित किया गया।

उन्होंने भारतीय सेना के इतिहास में साहस और गुणों की मिसाल कायम की है, जिसकी शायद ही कोई बराबरी करता हो। उनके मारे जाने से कुछ क्षण पहले ब्रिगेड मुख्यालय को उनका अंतिम संदेश प्राप्त हुआ था: "दुश्मन हमसे केवल 50 गज की दूरी पर है। हम संख्या में अधिक हैं। हम विनाशकारी आग के अधीन हैं। मैं एक इंच भी पीछे नहीं हटूंगा बल्कि आखिरी आदमी और आखिरी राउंड तक लड़ूंगा।

11

लेफ्टिनेंट अरुण खेत्रपाल

लेफ्टिनंट अरुण खेत्रपाल

Indian Army

Scan for Story Videos - www.itibook.com

द्वितीय लेफ्टिनेंट अरुण खेत्रपाल, परमवीर चक्र (14 अक्टूबर 1950 - 16 दिसंबर 1971) पुणे, महाराष्ट्र में पैदा हुए, एक भारतीय सेना अधिकारी थे और दुश्मन के सामने वीरता के लिए भारत के सर्वोच्च सैन्य अलंकरण, परमवीर चक्र के मरणोपरांत प्राप्तकर्ता थे। बांग्लादेश युद्ध के दौरान बसंतर की लड़ाई में उनकी मृत्यु हो गई, जहाँ उनके कार्यों ने उन्हें सम्मान दिलाया।

अरुण खेत्रपाल का जन्म 14 अक्टूबर 1950 को पुणे, महाराष्ट्र में हुआ था। उद्धरण की आवश्यकता उनके पिता ब्रिगेडियर एम.एल. खेत्रपाल ने भारतीय सेना में सेवा की और उनके परिवार का सेवा का एक लंबा इतिहास रहा है। एक सक्षम छात्र और खिलाड़ी के रूप में खुद को प्रतिष्ठित किया और एक स्कूल प्रीफेक्ट थे। 3 खेत्रपाल 1967 में राष्ट्रीय रक्षा अकादमी में शामिल हुए। वह फॉक्सट्रॉट स्क्वाड्रन से संबंधित थे जहां वह 38वें कोर्स के स्क्वाड्रन कैडेट कैप्टन थे। उनका एनडीए नंबर 7498/एफ/38 था। इसके बाद वह भारतीय सैन्य अकादमी में शामिल हो गए। जून 1971 में खेत्रपाल की पोस्टिंग 17 पूना हॉर्स में हुई

1971 का युद्ध

बांग्लादेश युद्ध के दौरान 17वें पूना हॉर्स को भारतीय सेना की 47वीं इन्फैंट्री ब्रिगेड की कमान सौंपी गई थी। संघर्ष के दौरान, 47वीं ब्रिगेड ने बसंतर की लड़ाई के दौरान शकरगढ़ सेक्टर में कार्रवाई देखी।

बसंतर का युद्ध

47वीं ब्रिगेड को सौंपे गए कार्यों में बसंतर नदी पर एक पुल का निर्माण भी शामिल था। 15 दिसंबर को 2100 घंटे तक, ब्रिगेड ने अपने उद्देश्यों को प्राप्त कर लिया था। हालाँकि, उस जगह पर भारी खनन किया गया था, जिसने पूना हॉर्स टैंकों की तैनाती को रोक दिया था, और माइन-क्लियरिंग इंजीनियर अपने काम से आधे रास्ते में थे, जब ब्रिज-हेड पर भारतीय सैनिकों ने दुश्मन के कवच की खतरनाक हरकत की सूचना दी। , और तत्काल सहायता के लिए कहा। कवच समर्थन। इस नाजुक मोड़ पर 17 पूना हॉर्स ने माइन-फील्ड से आगे बढ़ने का फैसला किया। रेजिमेंट अगले दिन पहली रोशनी में ब्रिज-हेड पर कवच और पैदल सेना के बीच एक कड़ी स्थापित करने में सक्षम था। 5

पुल सिर

16 दिसंबर को 0800 बजे, पाकिस्तानी आर्मर ने जारपाल में 17वें पूना हॉर्स की धुरी के खिलाफ एक स्मोकस्क्रीन की आड़ में अपना पहला जवाबी हमला किया। 16 दिसंबर की रात 08.00 बजे, तत्कालीन अत्याधुनिक अमेरिकी 50 टन पैटन टैंकों से लैस पाकिस्तानी 13 लांसर्स ने जारपाल में ‘बी’ स्क्वाड्रन, द पूना हॉर्स में स्मोकस्क्रीन की आड़ में पहला जवाबी हमला किया। . उनके स्क्वाड्रन कमांडर ने तुरंत सुदृढ़ीकरण का आह्वान किया। अरुण खेत्रपाल, जो ‘ए’ स्क्वाड्रन के साथ थे और सेंचुरियन टैंकों की अपनी टुकड़ी के साथ पास में तैनात थे, ने तुरंत अपनी बाकी रेजिमेंट के रूप में जवाब दिया। सटीक गनरी, हमारे टैंक ड्रूप की ठंडक और प्रतिष्ठित सीओ, लेफ्टिनेंट कर्नल (बाद में लेफ्टिनेंट जनरल) हनुत सिंह, एमवीसी और उनके डैशिंग ड्रूप लीडर अरुण खेत्रपाल के व्यक्तिगत टैंक कमांडरों ने जमीनी स्तर पर पहले पलटवार को नष्ट कर दिया। 13 लांसर्स ने दो और स्क्वाड्रन स्तरों पर जवाबी हमला किया, लेकिन कोई फायदा नहीं हुआ और पुरुषों और सामग्रियों में अन्यथा पुरानी और अच्छी तरह से स्थापित कैवलरी

रेजिमेंट की बड़ी कीमत चुकानी पड़ी। बड़ी संख्या में पाकिस्तानी कवच और पैदल सेना के खिलाफ "बी" स्क्वाड्रन के कमांडर को बुलाया। तत्काल सुदृढ़ीकरण। कॉल सेकेंड लेफ्टिनेंट अरुण खेत्रपाल ने लिया, जो अपने दो टैंकों और सैनिकों के साथ स्क्वाड्रन के पास तैनात थे। खेत्रपाल ने पाकिस्तानी कवच से मिलने के लिए पहिए चलाए और सीधे पाकिस्तानी हमले में घुस गए। अपनी सेना के साथ वह अपने टैंकों के साथ दुश्मन के आगे बढ़ने में सक्षम था और बंदूक की नोक पर दुश्मन की कुछ पैदल सेना और तोपखाने पर कब्जा कर लिया। हालांकि इस हमले में दूसरे टैंक का कमांडर मारा गया। अकेले प्रभारी, खेत्रपाल ने दुश्मन के किलों पर तब तक हमला करना जारी रखा जब तक कि उन्होंने पाकिस्तानी चौकियों पर कब्जा नहीं कर लिया, इस प्रक्रिया में पीछे हटने वाले पाकिस्तानी सैनिकों और तोपखाने को नष्ट कर दिया, पाकिस्तानी टैंकों को मार गिराया। लेकिन पाकिस्तानी सेना ने फिर से संगठित होकर पलटवार किया। आगामी टैंक युद्ध में, खेतरपाल द्वारा चार सहित दुश्मन के दस टैंकों को मार गिराया गया और नष्ट कर दिया गया। 6 7

मौत

लेफ्टिनेंट, हालांकि, दुश्मन की आग की चपेट में आ गया, लेकिन टैंक को छोड़ने के बजाय, उसने कप्तान ख्वाजा मोहम्मद नासिर से अभिभूत होने से पहले एक अंतिम टैंक को नष्ट करने के लिए संघर्ष किया। हालाँकि, उनके कार्यों ने पाकिस्तानी सेना को एक महत्वपूर्ण सफलता से वंचित कर दिया और इसके बजाय भारतीयों को शकरगढ़ बिल्ड-अप में मजबूत स्थिति में डाल दिया। अपने जलते हुए टैंक को छोड़ने का आदेश देने वाले एक वरिष्ठ अधिकारी को रेडियो पर उनके अंतिम शब्द थे, "नहीं, सर, मैं अपना टैंक नहीं छोड़ूंगा। मेरी बंदूक अभी भी काम कर रही है और मैं इन कमीनों को ढूंढ लूंगा।" फिर उसने दुश्मन के बचे हुए टैंकों को नष्ट करने की कोशिश की। दुश्मन का आखिरी टैंक जो उसने दागा था वह उसकी स्थिति से केवल 100 मीटर की दूरी पर था। इस बिंदु पर उनके टैंक को दूसरी चोट लगी और वह घातक रूप से घायल हो गए। पाकिस्तानी सेना को बहुप्रतीक्षित सफलता से वंचित

करते हुए अधिकारी की मृत्यु हो गई। खेत्रपाल का टैंक "फेमागुस्टा" बहाल किया गया था और अब प्रदर्शन पर है। दुश्मन के सामने अपनी असाधारण बहादुरी के लिए, खेत्रपाल को मरणोपरांत सर्वोच्च युद्ध वीरता पदक परमवीर चक्र से सम्मानित किया गया था।

पीवीसी उद्धरण

उन्हें दिए गए परमवीर चक्र का प्रशस्ति पत्र इस प्रकार है:

16 दिसंबर 1971 को, 'बी' स्क्वाड्रन, पूना हॉर्स के स्क्वाड्रन कमांडर ने शकरगढ़ सेक्टर के जरपाल में भारी बेहतर पाकिस्तानी कवच द्वारा जवाबी हमले के बाद सुदृढीकरण के लिए बुलाया। इस प्रसारण को सुनकर सेकंड लेफ्टिनेंट अरुण खेत्रपाल, जो 'ए' स्क्वाड्रन में थे, ने अन्य स्क्वाड्रन की मदद के लिए अपने सैनिकों के साथ आगे बढ़ने की इच्छा जताई। रास्ते में, बसंतर नदी पार करते समय, द्वितीय लेफ्टिनेंट अरुण खेत्रपाल और उनके सैनिक दुश्मन के मजबूत बिंदुओं और आरसीएल गन घोंसलों से आग की चपेट में आ गए। समय सार था और 'बी' स्क्वाड्रन सेक्टर में विकसित होने वाली महत्वपूर्ण स्थिति के साथ, लेफ्टिनेंट अरुण खेत्रपाल ने सावधानी बरती और दुश्मन के मजबूत बिंदु पर शाब्दिक चार्जिंग हमला शुरू कर दिया, अपने टैंकों के साथ बचाव को भंग कर दिया और उन्हें पकड़ लिया। दुश्मन की पैदल सेना और तोपखाना पिस्तौल की नोंक पर। उसकी सेना का सेनापति मारा गया। सेकंड लेफ्टिनेंट अरुण खेत्रपाल ने तब तक लगातार हमला जारी रखा, जब तक कि वह दुश्मन के सभी प्रतिरोधों पर काबू नहीं पा गए और 'बी' स्क्वाड्रन स्थिति की ओर बढ़ गए, ठीक उसी समय जब दुश्मन के टैंक स्क्वाड्रन पर अपने प्रारंभिक जांच हमले के बाद पीछे हट गए। वह लड़ाई के प्रचंड उत्साह और अपने सिर के झटके से इतना प्रभावित हुआ कि उसने पीछे हटने वाले टैंकों का पीछा करना शुरू कर दिया और यहां तक कि एक को गोली मारकर नष्ट करने में भी कामयाब रहा। इसके तुरंत बाद, दुश्मन ने एक दूसरे हमले के लिए एक बख्तरबंद इकाई के साथ सुधार किया और इस बार अपने मुख्य प्रयास के बिंदु के रूप में सेकंड लेफ्टिनेंट अरुण खेत्रपाल और दो अन्य टैंकों के कब्जे वाले सेक्टर को चुना। एक भयंकर टैंक युद्ध में दुश्मन के दस टैंक मारे गए और नष्ट

हो गए, जिसमें सेकेंड लेफ्टिनेंट अरुण खेत्रपाल गंभीर रूप से घायल हो गए। उसे अपने टैंक को छोड़ने के लिए कहा गया था, लेकिन हालांकि दुश्मन बुरी तरह से नष्ट हो गया था, वह अपने जिम्मेदारी के क्षेत्र में आगे बढ़ रहा था और यह महसूस कर रहा था कि अगर उसने अपने टैंक को छोड़ दिया तो दुश्मन टूट जाएगा, उसने दुश्मन के दूसरे टैंक पर बहादुरी से लड़ाई लड़ी और इस स्तर पर उसने नष्ट कर दिया गया उनके टैंक ने दूसरी बार टक्कर मारी जिससे इस वीर अधिकारी की मृत्यु हो गई।

सेकेंड लेफ्टिनेंट अरुण खेत्रपाल की मृत्यु हो गई थी लेकिन उन्होंने अपनी निडर बहादुरी से उस दिन को बचा लिया; शत्रु को उस सफलता से वंचित कर दिया गया जिसकी वह सख्त तलाश कर रहा था। दुश्मन का एक भी टैंक आगे नहीं बढ़ा।

दूसरे लेफ्टिनेंट अरुण खेत्रपाल ने नेतृत्व, उद्देश्य के दृढ़ संकल्प और दुश्मन को करीब से घेरने की इच्छा के महान गुण दिखाए थे। यह कर्तव्य की पुकार से परे साहस और आत्म-बलिदान का कार्य था।

श्रद्धांजलि और तथ्य

1. भारतीय सेना ने कई बहादुर अधिकारियों को जन्म दिया है जिन्होंने कर्तव्य के पालन में अपने प्राण न्यौछावर कर दिए। लेकिन सेना के इतिहास में खेत्रपाल की वीरता सर्वोच्च स्थान बन गई है। उनकी वीरता सेना के लोकाचार में गहराई से समाई हुई है और आईएमए और एनडीए में उनके नाम पर कई इमारतों से स्पष्ट है, जो भारतीय सेना के किसी भी अन्य अधिकारी की तुलना में अधिक लंबी हैं। 2. IMA में खेतरपाल नाम का ऑडिटोरियम है और पास होने वाले सभी अधिकारी इसी बिल्डिंग के सामने शपथ लेते हैं. 3. IMA का एक मुख्य प्रवेश द्वार है जिसे खेतरपाल कहा जाता है। 4. एनडीए में मुख्य मैदान का नाम खेतरपाल मैदान है. 5. अरुण खेत्रपाल के टैंक का नाम फेमागुस्टा जेएक्स 202 है। युद्ध के बाद इसे बहाल कर दिया गया था और अहमदनगर में बख्तरबंद कोर केंद्र और स्कूल में रखा गया था। 6. फेमागुस्ता के चालक दल सोवर प्रयाग सिंह थे। सोवर नंद सिंह, रेडियो आपरेटर। सोवर नाथू सिंह, आर्टिलरी और 2/लिट अरुण खेत्रपाल, कमांडर। 7. नंद सिंह सबसे

पहले मरने वाले थे। यह मेजर नासिर के साथ घातक मुठभेड़ से ठीक पहले की बात है। इसके बाद अरुण की मौत हो गई। प्रयाग सिंह और नाथू सिंह दोनों गंभीर रूप से घायल हो गए लेकिन बच गए और सेना के माननीय से। कप्तान 8. अरुण खेत्रपाल की मां को 26 दिसंबर तक उनकी मौत की खबर नहीं मिली. यह सुनकर कि 17 दिसंबर को युद्ध समाप्त हो गया था, उसने अपनी मोटरसाइकिल की सेवा की और अपने कमरे को सजाया। 9. 17 दिसंबर को सांबा जिले के पास उनका अंतिम संस्कार किया गया। एक छोटे से रूमाल में उनके पूरे परिवार की राख थी। 10.श्रीमती इंदिरा गांधी युद्ध के बाद अरुण की मां श्रीमती खेत्रपाल से मिलीं और उनकी आंखों में आंसू के साथ 'आप धन्य है' का नारा लगाया। 11. अपनी मां से मिलने और अलविदा कहने के लिए अपनी रेजिमेंट के मोर्चे पर जाने से एक रात पहले अरुण खेत्रपाल गेट से टकरा गए थे। उनकी मां के आखिरी शब्द थे 'शेर की तरह लड़ो और कायर बनकर वापस मत आना।'

विरासत

"एकमात्र अवसर था जब दोपहर में 13 लांसर्स के दो स्क्वाड्रन ने एक साथ हमला किया, लेकिन पूना हॉर्स के 2/लेफ्टिनेंट अरुण खेत्रपाल की वीरता से खतरा टल गया, जिसने आखिरी खाई खड़ी की।" मेजर (सेवानिवृत्त) एएच अमीन (पाकिस्तान आर्मर कॉर्प्स - स्तंभकार और इतिहासकार)। कहा जाता है कि पाकिस्तान के एक टैंक बटालियन कमांडर ने युद्ध के बाद एक भारतीय बटालियन कमांडर से मुलाकात की और दूसरे लेफ्टिनेंट खेत्रपाल के टैंक के बारे में पूछताछ की क्योंकि वह इस विशेष टैंक कमांडर की बहादुरी से बहुत प्रभावित थे।

2001 में, ब्रिगेडियर एमएल खेत्रपाल - जो अब 81 वर्ष के हैं - की अपने जन्मस्थान सरगोधा, जो अब पाकिस्तान में है, जाने की तीव्र इच्छा थी। लाहौर एयरपोर्ट पर ब्रिगेडियर एमएल खेत्रपाल की मुलाकात ब्रिगेडियर ख्वाजा मोहम्मद नासिर से हुई. उन्होंने खुद ब्रिगेडियर एम एल खेत्रपाल को अपना मेजबान और मार्गदर्शक स्वीकार किया। ब्रिगेडियर एमएल खेतरपाल को सरगोधा में अपने पुराने घर में एक संतोषजनक और उदासीन यात्रा सुनिश्चित करने के लिए ब्रिगेडियर

नासिर वास्तव में अपने रास्ते से हट गए। लाहौर लौटने पर, वह फिर से तीन दिनों के लिए ब्रिगेडियर नासिर के मेहमान थे।

ब्रिगेडियर एमएल खेत्रपाल के प्रति ब्रिगेडियर नासिर और उनके परिवार के सभी सदस्यों और उनके कई सेवकों द्वारा दिखाई गई अत्यधिक दया, सम्मान, शिष्टाचार और सम्मान से वे अभिभूत थे। हालाँकि ब्रिगेडियर खेत्रपाल को लगा कि कुछ गड़बड़ है लेकिन समझ नहीं पा रहे थे कि यह क्या है। क्या लंबी चुप्पी उनकी जीवंत बातचीत को विराम दे रही थी या यह परिवार की महिलाओं की आंखों में करुणा का भाव था? वह इसे बाहर नहीं कर सका लेकिन उसे यकीन था कि उसके साथ किसी विशेष व्यक्ति की तरह व्यवहार किया जा रहा है।

अंत में, ब्रिगेडियर एम.एल. खेत्रपाल के जाने से एक रात पहले, ब्रिगेडियर नासिर ने कहा, 'सर, एक बात है जो मैं आपको वर्षों से बताना चाहता था लेकिन मुझे नहीं पता था कि आप तक कैसे पहुंचा जाए। अंत में, भाग्य ने हस्तक्षेप किया और आपको सम्मानित अतिथि के रूप में मेरे पास भेजा। हम पिछले कुछ दिनों में एक-दूसरे के करीब आए हैं और इससे मेरा काम और भी मुश्किल हो गया है। यह आपके बेटे के बारे में है, जो निस्संदेह भारत का राष्ट्रीय नायक है। हालाँकि, उस दुर्भाग्यपूर्ण दिन में, आपका बेटा और मैं सैनिक थे, एक दूसरे के लिए अजनबी थे, अपने-अपने देशों के सम्मान और सुरक्षा के लिए लड़ रहे थे। मुझे आपको यह बताते हुए खेद हो रहा है कि आपका पुत्र मेरे हाथों मारा गया। अरुण का साहस अनुकरणीय था और उन्होंने अपनी सुरक्षा की परवाह न करते हुए निडर साहस और साहस के साथ अपने टैंक को आगे बढ़ाया। जब तक हम दोनों अंततः एक-दूसरे का सामना कर रहे थे, तब तक टैंक का घाटा बहुत अधिक हो चुका था। हम दोनों ने एक साथ फायरिंग की। नियति ने तय किया था कि मुझे जीना चाहिए और उसे मरना चाहिए।

बाद में ही मुझे एहसास हुआ कि वह कितना छोटा था और वह कौन था। मैं आपसे माफी मांगना चाहता था, लेकिन कहानी सुनाते वक्त मुझे एहसास हुआ कि माफी मांगने जैसी कोई बात नहीं है। इसके बजाय आपके बेटे ने इतनी कम उम्र में जो किया है, उसके लिए मैं आपको सलाम करता हूं और आपको भी सलाम करता हूं, क्योंकि मैं जानता हूं

कि वह इतना छोटा कैसे हो गया। अंततः चरित्र और मूल्य ही मायने रखते हैं।

ब्रिगेडियर एमएल खेत्रपाल चुप थे क्योंकि उन्हें नहीं पता था कि कैसे प्रतिक्रिया दें। किसी ऐसे व्यक्ति के आतिथ्य का आनंद लेना एक भ्रमित करने वाला अनुभव था जिसने अपने बेटे को मार डाला था। हालाँकि, स्वयं एक सैनिक होने के बावजूद, उन्होंने एक ऐसे अधिकारी की बहादुरी की गहरी प्रशंसा की, जिसके पूरे स्क्वाड्रन को उसके बेटे ने नष्ट कर दिया।

दोनों ब्रिगेडियर रात के लिए चिंतन में निवृत्त हो गए। युद्ध में कभी विजेता नहीं होते; दोनों पक्ष भुगतते हैं और परिवारों को इसकी कीमत चुकानी पड़ती है और सबसे ज्यादा नुकसान उठाना पड़ता है। जैसा कि किसी ने एक बार कहा था, 'युद्ध राजनेताओं द्वारा रचे जाते हैं, नौकरशाहों द्वारा आयोजित किए जाते हैं और सैनिकों द्वारा लड़े जाते हैं।'

अगले दिन तस्वीरें ली गईं और ब्रिगेडियर एमएल खेत्रपाल दिल्ली लौट आए। तस्वीरें बाद में ब्रिगेडियर नासिर के एक नोट के साथ दिल्ली पहुंचीं जिसमें कहा गया था:

16 दिसंबर को 'स्पीयरहेड्स' 13 लांसर्स द्वारा जवाबी हमले की जीत और विफलता के दौरान एक अभेद्य चट्टान की तरह खड़े रहे शहीद सेकंड लेफ्टिनेंट अरुण खेत्रपाल, परमवीर चक्र के पिता ब्रिगेडियर एमएल खेत्रपाल को सादर और अत्यंत ईमानदारी के साथ। 1971 का "बारा पिंड" जिसे हम युद्ध कहते हैं और "बसंतर" की लड़ाई 17वें पूना घोड़े को याद करती है ।--ख्वाजा मोहम्मद नासिर, 13 लांसर्स, 2 मार्च 2001, लाहौर, पाकिस्तान।

12

ब्रिगेडियर मोहम्मद उस्मान

ब्रिगेडियर मोहम्मद उस्मान

Scan for Story Videos - www.itibook.com

13

इयान कार्डोज़ो

इयान कार्डोज़ो

Scan for Story Videos - www.itibook.com

मेजर जनरल इयान कार्डोज़ो एवीएसएम एसएम एक पूर्व भारतीय सेना अधिकारी हैं। वह बटालियन और ब्रिगेड की कमान संभालने वाले भारतीय सेना के पहले युद्ध-विकलांग अधिकारी थे। 5 युद्ध में घायल होने के कारण वह विकलांग है

इयान कार्डोज़ो का जन्म 1937 में विन्सेन्ट कार्डोज़ो और डायना (नी डी सूज़ा) कार्डोज़ो के यहाँ बॉम्बे प्रेसीडेंसी, ब्रिटिश भारत में हुआ था। उन्होंने सेंट जेवियर्स हाई स्कूल, फोर्ट और सेंट जेवियर्स कॉलेज, मुंबई में पढ़ाई की।

कार्डोज़ो ने राष्ट्रीय रक्षा अकादमी से स्नातक किया और बाद में भारतीय सैन्य अकादमी में भाग लिया, जहाँ से वह 5 गोरखा राइफल्स (फ्रंटियर फोर्स) में शामिल हुए और उन्हें कमीशन दिया गया और बाद में गोरखा राइफल्स उर्फ "1/5GR" की 5 वीं रेजिमेंट की पहली बटालियन की कमान संभाली। . FF) या 1/5 गोरखा राइफल्स। उन्होंने 4/5 गोरखा राइफल्स के साथ भी सेवा की और उनके साथ 2 युद्ध लड़े- 1965 का भारत-पाकिस्तान युद्ध और 1971 का भारत-पाकिस्तान युद्ध। 3 वह पहले एनडीए हैं। दोनों पदक होंगे पारित होने वाले कैडेट को सर्वश्रेष्ठ सर्वांगीण प्रदर्शन के लिए स्वर्ण पदक प्रदान किया जाता है।

मेरिट में प्रथम आने वाले कैडेट को रजत पदक से सम्मानित किया जाता है। राष्ट्रीय रक्षा प्रबोधिनी के इतिहास में पहली बार स्वर्ण पदक जीतने वाले कैडेट योग्यता क्रम में भी प्रथम रहे। तब से यह केवल एक बार हुआ है। (स्रोत: खुद जनरल और उनके प्रोफाइल से)

1971 के पाकिस्तान-बांग्लादेश युद्ध के फैलने के समय, कार्डोज़ो वेलिंगटन में रक्षा सेवा स्टाफ कॉलेज में एक पाठ्यक्रम में भाग ले रहे थे। उनकी बटालियन, 4/5 गोरखा राइफल्स, ऑपरेशन के पूर्वी थिएटर में पहले से ही तैनात थी। बटालियन के सेकेंड-इन-कमांड कार्रवाई में मारे गए और कार्डोज़ो को उनकी जगह लेने का आदेश दिया गया। वह सिलहट की लड़ाई में भारतीय सेना के पहले हेलीबोर्न ऑपरेशन में साथ देने के लिए समय पर अपनी बटालियन में पहुंच गए। 7 उनकी गोरखा रेजीमेंट ने उन्हें कर्तूस साहब का उपनाम दिया क्योंकि उन्हें उनके नाम का उच्चारण करना मुश्किल लगता था। 8 कार्ट्रिज का हिंदी में मतलब कार्ट्रिज होता है।

ढाका के पतन के बाद, कार्डोज़ो ने एक लैंड माइन पर कदम रखा और अपने पैर को गंभीर रूप से घायल कर लिया। मॉर्फिन या पेथिडीन की अनुपलब्धता और डॉक्टर की अनुपस्थिति के कारण उसका पैर शल्य चिकित्सा से नहीं काटा जा सका। इसके बाद उसने चाकू से अपना पैर काट लिया। बाद में, उनकी यूनिट ने पाकिस्तानी सेना के सर्जन मेजर मोहम्मद बशीर को पकड़ लिया, जिन्होंने कार्डोज़ो का ऑपरेशन किया था।

अपने विच्छेदन के बाद, कार्डोज़ो का एक लकड़ी का पैर था। इसके बावजूद, उन्होंने शारीरिक फिटनेस के स्तर को बनाए रखा और कई सक्षम अधिकारियों को मुकाबला शारीरिक फिटनेस परीक्षणों में हरा दिया। इसके बाद उन्होंने अपना मामला तत्कालीन सेना प्रमुख, जनरल तपीश्वर नारायण रैना के सामने पेश किया, जिन्होंने कार्डोज़ो को युद्ध में उनके साथ जाने के लिए कहा। यह देखने के बाद कि कार्डोजो अभी भी पहाड़ों में बर्फ और बर्फ के माध्यम से आगे बढ़ सकता है, जनरल रैना ने उसे बटालियन का नेतृत्व करने की अनुमति दी। ऐसी ही स्थिति तब पैदा हुई जब वह एक ब्रिगेड की कमान संभालने वाले थे। 7 उन्हें 1 मार्च

1984 को ब्रिगेडियर के रूप में पदोन्नत किया गया था

कार्डोजो की शादी प्रिसिला से हुई है और उनके तीन बेटे हैं। 5 वह वर्तमान में नई दिल्ली में रहता है। 3

2005 से 2011 तक, उन्होंने भारतीय पुनर्वास परिषद के अध्यक्ष के रूप में कार्य किया। 10 वह एक मैराथन धावक भी हैं और नियमित रूप से अपने कृत्रिम अंग पर मुंबई मैराथन में भाग लेते हैं।

14

योगेंद्र सिंह यादव

योगेंद्र सिंह यादव

Scan for Story Videos - www.itibook.com

सूबेदार मेजर और मानद कैप्टन योगेंद्र सिंह यादव पीवीसी भारतीय सेना के एक सेवानिवृत्त कमीशन अधिकारी हैं, जिन्हें कारगिल युद्ध के दौरान उनके कार्यों के लिए सर्वोच्च भारतीय सैन्य सम्मान, परमवीर चक्र से सम्मानित किया गया था। 19 वर्ष की आयु में पुरस्कार प्राप्त करने पर वह पदक (पीवीसी) प्राप्त करने वाले सबसे कम उम्र के व्यक्ति हैं।

योगेंद्र सिंह यादव का जन्म 10 मई 1980 3 को उत्तर प्रदेश के बुलंदशहर जिले के औरंगाबाद अहीर गांव में एक यादव परिवार में हुआ था। उनके पिता करण सिंह यादव ने कुमाऊं रेजीमेंट में 1965 और 1971 के भारत-पाकिस्तान युद्धों में भाग लिया था। यादव 16 साल और पांच महीने की उम्र में भारतीय सेना में शामिल हुए थे।

कारगिल युद्ध

यादव 18 ग्रेनेडियर्स में शामिल हो गए, और घटक फोर्स कमांडो प्लाटून का हिस्सा बन गए, जिन्हें 4 जुलाई 1999 के शुरुआती घंटों में टाइगर हिल पर तीन रणनीतिक बंकरों पर कब्जा करने का काम सौंपा गया था। बंकर एक खड़ी, बर्फ से ढकी, शिखर पर स्थित था। 1,000 फीट (300 मीटर) चट्टान। यादव ने स्वेच्छा से हमले का नेतृत्व किया,

चट्टान के चेहरे पर चढ़कर रस्सियों को स्थापित किया जो सुविधा पर और हमलों की अनुमति देगा। आधे रास्ते में दुश्मन के बंकर से मशीन गन और रॉकेट दागे गए, जिसमें प्लाटून कमांडर और दो अन्य मारे गए। उनकी जांघ और कंधे में कई गोली लगने के बावजूद, यादव ने शिखर तक पहुंचने के लिए शेष 60 फीट (18 मीटर) की चढ़ाई की। गंभीर रूप से घायल होने के बावजूद, वह पहले बंकर में रेंगते हुए गए और एक ग्रेनेड विस्फोट किया, जिसमें चार पाकिस्तानी सैनिक मारे गए और दुश्मन की गोलाबारी को बेअसर कर दिया। इससे पलटन के बाकी सदस्यों को अपने दो साथी सैनिकों के साथ बंकर पर चढ़ने का मौका मिल गया, जिसमें चार पाकिस्तानी सैनिक मारे गए। पलटन तब टाइगर हिल पर कब्जा करने में सफल रही। हालांकि यादव को 12 गोलियां लगी थीं, लेकिन उन्हें पकड़ने में उनकी अहम भूमिका रही।

यादव को मरणोपरांत परमवीर चक्र से सम्मानित किया गया था, लेकिन जल्द ही एक अस्पताल में स्वास्थ्य लाभ पाया गया और उन्हें मिशन में मारे गए व्यक्ति के रूप में नामित किया गया।

स्वतंत्रता दिवस 2021 पर, यादव को भारत के राष्ट्रपति द्वारा कप्तान के मानद पद से सम्मानित किया गया था। लेफ्टिनेंट जनरल राजीव सिरोही, सेना सचिव और ग्रेनेडियर्स के कर्नल ने रैंक बैज प्रदान किए। वह 31 दिसंबर 2021 को पारंपरिक विदाई के साथ मानद कैप्टन के पद से सेना से सेवानिवृत्त हुए।

सूबेदार मेजर और ऑनरेरी कैप्टन योगेंद्र सिंह यादव परमवीर चक्र सेवानिवृति के बाद सशस्त्र बलों के जवानों की सेवा करने वाली उपभोक्ता प्रौद्योगिकी कंपनी उड़चलो के सलाहकार बोर्ड में शामिल हो गए हैं।

ग्रेनेडियर योगेंद्र सिंह यादव 3/4 जुलाई 1999 की रात को टाइगर हिल पर कब्जा करने वाले घटक प्लाटून की प्रमुख टीम का हिस्सा थे। शिखर तक पहुंचने का रास्ता खड़ी, बर्फ से ढकी और पथरीली थी। ग्रेनेडियर योगेंद्र सिंह यादव ने जोखिम की परवाह किए बिना नेतृत्व करने के लिए स्वेच्छा से अपनी टीम को आगे बढ़ने के लिए रस्सियों को सेट किया। टीम को देखते ही दुश्मन ने तीव्र स्वचालित ग्रेनेड, रॉकेट और

तोपखाने की आग लगा दी, जिससे कमांडर और उनके दो सहयोगियों की मौत हो गई और पलटन को गतिरोध में ला दिया। स्थिति की गंभीरता को समझते हुए, ग्रेनेडियर यादव दुश्मन की स्थिति को शांत करने के लिए रेंगते हुए आगे बढ़े और इस प्रक्रिया में उन्हें कई चोटें आईं। ग्रेनेडियर यादव ने अपनी चोटों को अनदेखा करते हुए और दुश्मन की गोलियों की बौछार के बीच दुश्मन के ठिकानों पर चढ़ना जारी रखा। अपने हथियार से लगातार ग्रेनेड फेंकते हुए और गोलीबारी करते हुए, उसने दुश्मन के चार सैनिकों को नजदीकी मुकाबले में मार डाला और स्वचालित आग को शांत कर दिया। कई चोटों के बावजूद, उन्होंने बाहर निकलने से इनकार कर दिया और आरोप जारी रखा। उनकी वीरतापूर्ण कार्रवाई से प्रेरित होकर, पलटन नए जोश के साथ अन्य पदों पर चली गई और टाइगर हिल टॉप पर कब्जा कर लिया।

ग्रेनेडियर योगेंद्र सिंह यादव ने अत्यधिक विपरीत परिस्थितियों का सामना करते हुए असाधारण साहस, अदम्य वीरता, साहस और दृढ़ संकल्प का परिचय दिया।

15

कप्तान सौरभ कालिया

कप्तान सौरभ कालिया

Indian Army

Scan for Story Videos - www.itibook.com

कैप्टन सौरभ कालिया का जन्म 29 जून 1976 को अमृतसर, पंजाब में हुआ था। डॉ. एन.के. कालिया और श्रीमती विजया के पुत्र, कैप्टन सौरभ का एक छोटा भाई, वैभव कालिया था। उन्होंने पालमपुर के डीएवी पब्लिक स्कूल से अपनी स्कूली शिक्षा पूरी की और 1997 में एचपी कृषि विश्वविद्यालय, पालमपुर से चिकित्सा विज्ञान में स्नातक की डिग्री प्राप्त की। कैप्टन सौरभ अपने छात्र जीवन के दौरान शिक्षा में उत्कृष्ट थे और अपने पूरे शैक्षणिक करियर में विभिन्न छात्रवृत्तियां जीतीं।

कैप्टन सौरभ को अगस्त 1997 में संयुक्त रक्षा सेवाओं के माध्यम से भारतीय सैन्य अकादमी के लिए चुना गया था और उन्हें 12 दिसंबर 1998 को कमीशन दिया गया था। उन्हें जाट रेजिमेंट के 4 जाट में कमीशन किया गया था, जो एक इन्फैंट्री रेजिमेंट है जो अपने निडर सैनिकों और कई युद्ध और थिएटर सम्मानों के लिए जानी जाती है। . अपने पहले कार्य के रूप में, कैप्टन सौरभ को जम्मू-कश्मीर में तैनात किया गया था जहाँ उनकी इकाई को कारगिल सेक्टर में तैनात किया गया था। वह जाट रेजिमेंटल सेंटर, बरेली में 31 दिसंबर 1998 को रिपोर्टिंग के बाद जनवरी 1999 में वहां पहुंचे। वह लेफ्टिनेंट के रूप में यूनिट में शामिल हुए और 22 साल की उम्र में युद्ध के मैदान में कैप्टन

के पद पर पदोन्नत हुए।

1999 के दौरान, कैप्टन सौरभ की यूनिट को राष्ट्रीय राजमार्ग 1डी के सामने कारगिल से कुछ ही दूर काकसर क्षेत्र में तैनात किया गया था। मई 1999 की शुरुआत में, बटालिक-यल्डोर सेक्टर में असामान्य हलचलें देखी गईं और इसके परिणामस्वरूप भारतीय सेना की इकाइयों ने अपने एओआर (जिम्मेदारी के क्षेत्र) में क्षेत्र की आक्रामक गश्त शुरू कर दी थी। इसी तरह, मई 1999 के पहले दो हफ्तों में, कारगिल जिले के काकसर लंगपा क्षेत्र में घुसपैठियों की उपस्थिति की जांच करने के लिए और यह भी देखने के लिए कि क्या गर्मियों के स्थानों पर फिर से कब्जा करने के लिए बर्फ पर्याप्त रूप से पीछे हट गई है, कई गश्ती अभियान चलाए गए। 15 मई 1999 को कैप्टन सौरभ कालिया को बजरंग पोस्ट पर गश्त का नेतृत्व करने का काम सौंपा गया था, जो यूनिट की सुरक्षा का हिस्सा था, लेकिन आमतौर पर सर्दियों के दौरान इसे खाली कर दिया जाता था। कैप्टन सौरभ कालिया और पांच अन्य सैनिक - सिपाही अर्जुन राम, भंवर लाल बगरिया, भीका राम, मूल राम और नरेश सिंह योजना के अनुसार बजरंग चौकी के लिए रवाना हुए।

एलओसी के पार पाकिस्तानी सशस्त्र बलों के साथ लगातार गोलीबारी के बाद, कैप्टन सौरभ कालिया और उनके सैनिकों के पास गोला-बारूद खत्म हो गया। उन्होंने इस मामले की सूचना बेस कैंप को दी और सुदृढ़ीकरण के लिए कहा। हालांकि, सैनिकों के पहुंचने से पहले, वे पाकिस्तानी रेंजरों की एक प्लाटून से घिरे हुए थे और उन्हें जिंदा पकड़ लिया गया था। भारतीय सैनिकों को गश्ती दल का कोई पता नहीं चला और उनका पता लगाने के लिए बड़े पैमाने पर तलाशी अभियान शुरू किया। इस बीच, पाकिस्तान के रेडियो स्कार्दू ने घोषणा की कि कैप्टन सौरभ कालिया को पाकिस्तानी सैनिकों ने पकड़ लिया है। इस घटना ने सैकड़ों गुरिल्लाओं की खोज की, जिन्होंने नियंत्रण रेखा के भारतीय हिस्से के अंदर पहाड़ियों की चोटियों पर गढ़वाले स्थान स्थापित किए थे, परिष्कृत उपकरणों और आपूर्ति लाइनों के साथ पाकिस्तान-नियंत्रित कश्मीर में वापस आ गए थे।

कैप्टन सौरभ कालिया और उनके लोग 15 मई 1999 से 7 जून 1999 तक लगभग बाईस दिनों तक कैद में रहे और 9 जून 1999 को पाकिस्तानी सेना द्वारा उन्हें सौंपे जाने पर उनके शरीर पर चोटों से स्पष्ट रूप से यातना के अधीन थे। पोस्टमॉर्टम जांच से पता चला कि पाकिस्तानी सेना ने युद्धबंदियों के साथ व्यवहार पर जिनेवा कन्वेंशन के घोर उल्लंघन में अपने कैदियों को प्रताड़ित किया था।

9 जून 1999 को, डॉ एनके कालिया ने कैप्टन सौरभ कालिया का शव प्राप्त किया, जिसे पाकिस्तानी सेना ने कारगिल सेक्टर में भारतीय सेना के कमांडरों को यातना के सबूत के साथ सौंप दिया था। कैप्टन सौरभ कालिया एक बहादुर और प्रतिबद्ध सैनिक थे जिन्होंने राष्ट्र की सेवा में अपना जीवन लगा दिया। कैप्टन सौरभ कालिया के परिवार में उनके पिता डॉ नरिंदर के कालिया, माता श्रीमती विजया कालिया और भाई श्री वैभव कालिया हैं।

जिनेवा कन्वेंशन भाग 2 अनुच्छेद 13 (युद्धबंदियों की सामान्य सुरक्षा) के अनुसार, युद्धबंदियों के साथ हर समय मानवीय व्यवहार किया जाना चाहिए। डिटेनिंग पावर द्वारा कोई भी गैरकानूनी कार्य या चूक, जिसके कारण उसकी हिरासत में युद्ध के कैदी की मृत्यु हो जाती है या उसके स्वास्थ्य को गंभीर रूप से खतरे में डाल दिया जाता है, निषिद्ध है, और इसे वर्तमान कन्वेंशन का गंभीर उल्लंघन माना जाएगा।

विशेष रूप से, युद्ध के किसी भी कैदी को शारीरिक विकृति या किसी भी प्रकार के चिकित्सा या वैज्ञानिक प्रयोगों के अधीन नहीं किया जा सकता है, जो संबंधित कैदी के चिकित्सा, दंत चिकित्सा या अस्पताल उपचार द्वारा उचित नहीं हैं और उनके हित में किए गए हैं। इसी तरह, युद्धबंदियों की हर समय रक्षा की जानी चाहिए, विशेष रूप से हिंसा या धमकी के कृत्यों और अपमान और सार्वजनिक जिज्ञासा के खिलाफ। कैप्टन सौरभ कालिया, सिपाही अर्जुनराम बसवाना, मुला राम बिदियासर, नरेश सिंह सिनसिनवार, भंवर लाल बगरिया और भीका राम मुध को पाकिस्तानी सैनिकों ने मई 1999 में विश्वासघाती पहाड़ी इलाके में एक टोही गश्त के दौरान पकड़ लिया था, जिसे बेरहमी से

प्रताड़ित किया गया और मार दिया गया।

जिनेवा कन्वेंशन का घोर उल्लंघन करते हुए पाकिस्तानी सेना ने कैप्टन कालिया और उनके सैनिकों को घोर यातनाएं दीं, जिसके दौरान सैनिकों के कान के पर्दों को गर्म लोहे की छड़ों से छेद दिया गया, आंखों को पंचर कर दिया गया और जननांगों को काट दिया गया। शवों के पोस्टमार्टम से यह भी पता चला कि उन्हें सिगरेट की बट से जलाया गया था। यातना के दौरान उनके अंग भी काट दिए गए, दांत टूट गए और खोपड़ी टूट गई। यहां तक कि उनकी नाक और होंठ भी काट दिए गए।

कैप्टन कालिया का शव 9 जून 1999 को उनके परिवार को भेजा गया था। सौरभ कालिया के भाई वैभव ने राष्ट्रीय ध्वज में लिपटे ताबूत में पहुंचने पर उनके शरीर की पहचान की। उन्होंने याद किया "सौरभ का चेहरा मेरी उंगलियों के आकार का था, उसकी भौंहें ही दिखाई देने वाली विशेषता थी, कोई आंखें नहीं, कोई जबड़ा नहीं था, सिगरेट जल रही थी ... यह बहुत बुरा था। मेरे माता-पिता उसे नहीं देख सकते थे।" कैप्टन कालिया को जिस भीषण यातना से गुजरना पड़ा, उसके लिए उनका परिवार न्याय चाहता है।

15 जून 1999 को नई दिल्ली में पाकिस्तानी दूतावास के उप उच्चायुक्त को तलब किया गया था, और कारगिल युद्ध के दौरान युद्ध के कैदियों की यातना और हत्या के लिए जिनेवा कन्वेंशन के उल्लंघन का नोटिस प्रस्तुत किया गया था। विदेश मंत्री जसवंत सिंह ने दोषियों की पहचान और सजा के लिए पाकिस्तान के विदेश मंत्री सरताज अजीज के सामने इस मुद्दे को उठाया, लेकिन पाकिस्तान यातना के आरोपों से इनकार करता रहा। 14 दिसंबर 2012 को पाकिस्तान के आंतरिक मंत्री रहमान मलिक ने व्यक्त किया कि मौसम की स्थिति के कारण कैप्टन सौरभ कालिया की मृत्यु हो सकती है।

कैप्टन सौरभ कालिया का परिवार सरकार से न्याय पाने के लिए, और उनके बेटे कैप्टन सौरभ और अन्य भारतीय सैनिकों के खिलाफ किए गए युद्ध अपराधों को उजागर करने के लिए निरंतर प्रयास कर रहा है। डॉ एनके कालिया, उनके पिता अपने बेटे के मामले का पालन कर रहे हैं और चाहते हैं कि इस अधिनियम को संयुक्त राष्ट्र द्वारा

युद्ध अपराध घोषित किया जाए, और जिनेवा कन्वेंशन के नियमों के अनुसार युद्ध अपराधों के लिए जिम्मेदार लोगों को दंडित किया जाए। उन्होंने युद्ध पीड़ितों की दुर्दशा को उजागर करने के लिए एक ऑनलाइन हस्ताक्षर अभियान भी शुरू किया।

कैप्टन सौरभ कालिया के पिता ने विभिन्न राष्ट्रीय और अंतरराष्ट्रीय संगठनों से संपर्क कर पाकिस्तान पर इस अपराध के लिए जिम्मेदार लोगों की पहचान करने, उनके खिलाफ मामला दर्ज करने और उन्हें दंडित करने का दबाव बनाया है। डॉ एनके कालिया की याचिका पर श्री राजीव चंद्रशेखर, (पूर्व सांसद) द्वारा पीछा किया गया, जिन्होंने विदेश मंत्री को पत्र लिखा और संसद में सवाल उठाया कि सरकार ने इस अधिनियम को घोषित करने के लिए यूएनएचआरसी के साथ कैप्टन सौरभ कालिया के मामले को क्यों नहीं उठाया। एक युद्ध अपराध, सभी अपराधियों की पहचान करना और उन्हें दंडित करना। श्री चंद्रशेखर द्वारा उठाए गए एक प्रश्न के उत्तर में, तत्कालीन रक्षा मंत्री एके एंटनी ने अक्टूबर 2013 में कैप्टन कालिया के माता-पिता को लिखा कि भारत शिमला समझौते से बाध्य है, और पाकिस्तान के साथ किसी भी मतभेद को द्विपक्षीय रूप से सुलझाया जाएगा।

पूर्व भारतीय सेना प्रमुख जनरल बिक्रम सिंह ने भी श्री राजीव चंद्रशेखर के साथ कैप्टन सौरभ कालिया के पिता के प्रयासों का समर्थन किया, और फ्लैग्स ऑफ ऑनर फाउंडेशन ने 7 दिसंबर 2012 को जुआन ई के साथ संयुक्त राष्ट्र मानवाधिकार परिषद (यूएनएचआरसी) में एक याचिका दायर की। मेन्डेज़, जेनेवा में मानवाधिकार के उच्चायुक्त के कार्यालय के अत्याचार पर विशेष प्रतिवेदक । लेकिन यूएनएचआरसी एक अंतर-राज्यीय निकाय है और आमतौर पर केवल अपने सदस्य राज्यों द्वारा की गई पहल के संदर्भ में कार्य करता है।

सुप्रीम कोर्ट ने सितंबर 2014 में डॉ एनके कालिया और सरवा मित्तर द्वारा दायर जनहित याचिका (पीआईएल) पर विचार किया और केंद्र से छह सप्ताह के भीतर एक हलफनामा दाखिल करने को कहा। हलफनामे ने याचिका को चुनौती देते हुए कहा कि एक जनहित याचिका किसी विदेशी देश के खिलाफ कार्रवाई की मांग नहीं कर सकती है, और यह कि

विदेश नीति एक सरकारी कार्य है। मौजूदा सरकार को लगता है कि इस मामले में पाकिस्तान के खिलाफ इंटरनेशनल कोर्ट ऑफ जस्टिस जाना व्यावहारिक नहीं है. तथ्य यह है कि कालिया परिवार को अभी भी न्याय से वंचित किया जा रहा है लेकिन उन्होंने न्याय के लिए अपनी लड़ाई जारी रखने का संकल्प लिया है।

16

राइफलमैन संजय कुमार

राइफलमैन संजय कुमार

Scan for Story Videos - www.itibook.com

हिमाचल प्रदेश के बिलासपुर जिले के खोल बुकियाना गांव में पैदा हुए 13 जम्मू और कश्मीर राइफल्स के पीवीसी राइफलमैन संजय कुमार भारत के सर्वोच्च सैन्य पुरस्कार परमवीर चक्र के प्राप्तकर्ता हैं। वह कारगिल युद्ध के दौरान 4 जुलाई 1999 को एरिया फ्लैट टॉप पर कब्जा करने वाली टीम के मुख्य स्काउट थे। यह क्षेत्र पाकिस्तानी सेना के नियंत्रण में था। चट्टान पर चढ़ने के बाद, लगभग 150 मीटर दूर दुश्मन के बंकर से मशीनगन की आग से टीम को नीचे गिरा दिया गया।

परमवीर चक्र को भारत के राष्ट्रपति राइफलमैन संजय कुमार ने सम्मानित किया।

संजय कुमार, समस्या की गंभीरता को समझते हुए और इस बंकर के सपाट शीर्ष क्षेत्र पर कब्जा करने के घातक प्रभाव को महसूस करते हुए, एक किनारे से दूसरे किनारे तक अकेले रेंगते हुए गए, और स्वचालित आग के ओलों के माध्यम से दुश्मन के बंकर की ओर बढ़ गए। लगभग तुरंत ही उन्हें सीने और बांह में दो गोलियां लगीं, जिससे उनका काफी खून बह गया।

हालांकि गोली लगने से खून बह रहा था, फिर भी उन्होंने बंकर की ओर बढ़ना जारी रखा। उन्होंने आमने-सामने की लड़ाई में दुश्मन के

तीन सैनिकों को मार गिराया। इसके बाद उन्होंने दुश्मन की मशीनगन उठाई और दुश्मन के दूसरे बंकर की ओर भागे। दुश्मन के सैनिक, जो पूरी तरह से आश्चर्यचकित थे, उनके द्वारा मारे गए क्योंकि वे अपने पदों से भाग गए थे। उनके कार्यों से प्रेरित होकर, प्लाटून के बाकी लोगों ने हमला किया, फीचर पर धावा बोल दिया और क्षेत्र को फ्लैट टॉप पर कब्जा कर लिया।

संजय कुमार की कहानी, जो उसी संघर्ष का हिस्सा थे, को फिल्म एलओसी कारगिल में चित्रित किया गया था और सुनील शेट्टी द्वारा निभाया गया था।

2010 में, सेना ने संजय कुमार की बहादुरी को नज़रअंदाज़ करते हुए उन्हें हवलदार से लांस नाइक, दो रैंक पर पदावनत कर दिया। 1 सेना ने उनकी पदावनति का कोई कारण बताने से इनकार कर दिया। इसके अलावा, छुपाने के एक स्पष्ट कार्य में, सेना उसे प्रेस विज्ञप्ति में एक कांस्टेबल के रूप में संदर्भित करती है। पद्म-वीरचक्र पुरस्कार विजेताओं को उनकी रैंक के बावजूद सलामी दी जानी चाहिए, जो उनके और उनके वरिष्ठों के बीच विवाद का कारण माना जाता है। 2 श्री कुमार को हिमाचल प्रदेश सरकार द्वारा नौकरी की पेशकश की गई है। वह सेना में 17 साल की सेवा पूरी करने के बाद (सेवानिवृत्ति के बाद के लाभ प्राप्त करने के लिए) प्रस्ताव को स्वीकार कर सकता है।

17

फ्लाइंग ऑफिसर निर्मल जीत सिंह सेखों

फ्लाइंग ऑफिसर निर्मल जीत सिंह सेखों

Scan for Story Videos - www.itibook.com

फ्लाइंग ऑफिसर निर्मल जीत सिंह सेखों का जन्म 17 जुलाई 1945 को लुधियाना, पंजाब के गांव इस्सेवाल में हुआ था। श्री त्रिलोक सिंह सेखों और श्रीमती हरबंस कौर के पुत्र, Fg अधिकारी निर्मल जीत बचपन से ही विमानन और वायु सेना के जीवन से मोहित थे क्योंकि उनका गाँव लुधियाना के पास हलवारा एयर बेस के आसपास था। वह अपने पिता के अनुभवों से प्रेरित थे जिन्होंने भारतीय वायुसेना में सेवा की और बाद में एक (मानद) फ्लाइट लेफ्टिनेंट के रूप में सेवानिवृत्त हुए।

Fg अधिकारी निर्मल जैन ने लुधियाना के पास खालसा हाई स्कूल अजीतसर मोही में अध्ययन किया और बाद में 1962 में दयालबाग कॉलेज ऑफ इंजीनियरिंग, आगरा में शामिल हो गए। हालांकि, उन्होंने इंजीनियरिंग कोर्स बीच में ही छोड़ दिया और भारतीय वायुसेना में शामिल हो गए। 04 जून 1967 को, उन्होंने भारतीय वायुसेना में लड़ाकू पायलट के रूप में अपना कमीशन प्राप्त किया। अपने कठोर प्रशिक्षण को पूरा करने के बाद, एफजी ऑफर निर्मल जीत अक्टूबर 1968 में नंबर 18 स्क्वाड्रन में शामिल हो गए, जिसे "फ्लाइंग बुलेट्स" के रूप में जाना जाता है।

1971 के भारत-पाकिस्तान युद्ध के दौरान, फ्लाइंग ऑफिसर निर्मलजीत सिंह सेखों श्रीनगर (18 स्क्वाड्रन, जिसे "फ्लाइंग बुलेट्स" के रूप में जाना जाता है) में एक गनट टुकड़ी के पायलट थे। 1948 के अंतर्राष्ट्रीय समझौते के अनुसार, पाकिस्तान के साथ शत्रुता शुरू होने तक श्रीनगर में कोई वायु रक्षा विमान तैनात नहीं किया गया था। तो एफजी ऑफर सेखों एक अपरिचित इलाका था और कश्मीर की सर्दियों की कड़कड़ाती ठंडी हवाओं के लिए अभ्यस्त नहीं था। फिर भी, उन्होंने और उनके सहयोगियों ने घुसपैठ करने वाले पाकिस्तानी विमानों का बहादुरी और दृढ़ संकल्प के साथ मुकाबला किया। 14 दिसंबर 1971 को, श्रीनगर एयरफील्ड पर PAF बेस पेशावर से 26 वर्ग के छह पाकिस्तानी वायु सेना F-86 जेट विमानों द्वारा हमला किया गया था।

उस समय Fg Offr Sekhon स्टैंडबाय ड्यूटी पर थे। जैसे ही पहले विमान ने हमला किया, यह फ्लैट लेफ्टिनेंट घुमन के नेतृत्व में दो-गैनेट फॉर्मेशन में नंबर 2 के रूप में टेक-ऑफ के लिए लुढ़का, क्योंकि पहला बम रनवे पर गिरा था। वह तुरंत शुरू नहीं कर सका क्योंकि पहले गैंलेट से धूल साफ हो रही थी। जब तक रनवे टेक-ऑफ के लिए तैयार था, तब तक दुश्मन के छह विमानों की आवाज सुनाई दे चुकी थी और हवाई क्षेत्र पर हमला चल रहा था। फिर भी, हमले के दौरान उड़ान भरने के प्रयास के भारी जोखिम के बावजूद, एफजी ओफर सेखों ने उड़ान भरी और तुरंत कृपाणों को उलझा दिया। इसके बाद हुए हवाई युद्ध में, उन्होंने एक कृपाण पर सीधा प्रहार किया और दूसरे में आग लगा दी। बाद में धुएं का गुबार राजौरी की ओर बढ़ता देखा गया।

इस तरह इन्होंने दुश्मन के दो विमानों को नुकसान पहुंचाया और मार गिराया। आगामी लड़ाई में, ऊंचे पेड़ों पर, FG Ofer Sekhon ने अपनी पकड़ बनाई, लेकिन अंततः भारी संख्या में जीत हासिल की। Fg Offr Sekhon, हिट होने के बाद, बेस पर लौटने की सलाह दी गई। ऐसा माना जाता है कि यह कुछ समय के लिए सीधे, पंखों के स्तर पर उड़ गया, फिर उलट गया, दुर्घटनाग्रस्त हो गया, संभवतः नियंत्रण प्रणाली की विफलता के कारण। उसने आखिरी मिनट में इजेक्शन का प्रयास किया, जो असफल रहा, क्योंकि उसकी छत्रछाया उड़ती हुई दिखाई दी।

उनका विमान दुर्घटनाग्रस्त हो गया और वे शहीद हो गए लेकिन उनका बलिदान व्यर्थ नहीं गया। सेबर जेट, शहर और उसके हवाई क्षेत्र पर हमले को पूरा करने में असमर्थ, तुरंत पीछे हट गए और घटनास्थल से भाग गए। फ्लाइंग ऑफिसर सेखों ने सच्ची वीरता, अनुकरणीय साहस, उड़ान कौशल और दृढ़ संकल्प, कर्तव्य से परे जाकर भारतीय वायुसेना की बेहतरीन परंपरा का परिचय दिया। उनकी बहादुरी और कौशल, 1 से 6 के अंतर के खिलाफ, उन्हें वीरता के लिए भारत का सर्वोच्च युद्ध पदक, "परम वीर चक्र" मिला।

Fg Offr Sekhon देश के सर्वोच्च वीरता पुरस्कार "परम वीर चक्र" प्राप्त करने वाले पहले IAF अधिकारी थे और उन्हें IAF के सबसे महान वायु योद्धाओं में से एक के रूप में याद किया जाता है।

फ्लाइंग ऑफिसर निर्मल जीत सिंह सेखों पाकिस्तानी हवाई हमलों के खिलाफ घाटी की वायु रक्षा के लिए श्रीनगर स्थित GNAT टुकड़ी के पायलट थे। शत्रुता के प्रकोप के बाद से, उन्होंने और उनके सहयोगियों ने बहादुरी और दृढ़ता से घुसपैठ करने वाले पाकिस्तानी विमानों की लहरों का मुकाबला किया और नैट विमान की उच्च प्रतिष्ठा को बनाए रखा। 14 दिसंबर 1971 को दुश्मन के कृपाण विमानों की एक लहर ने श्रीनगर हवाई क्षेत्र पर हमला कर दिया। फ्लाइंग ऑफिसर सेखों उस वक्त अलर्ट पर थे। हालांकि, तुरंत ही, दुश्मन के छह से कम विमान ओवरहेड नहीं थे और उन्होंने हवाई क्षेत्र में बमबारी और पथराव शुरू कर दिया। हमले के दौरान उड़ान भरने के प्रयास के घातक खतरे के बावजूद, फ्लाइंग ऑफिसर सेखों उतरे और तुरंत हमला करने वाले सेबरों की एक जोड़ी को उलझा दिया। आगामी लड़ाई में, उन्होंने एक विमान को मार गिराया और दूसरे को क्षतिग्रस्त कर दिया। इस समय तक अन्य सेबर विमान अपने मेहनतकश साथियों की सहायता के लिए दौड़ पड़े थे, और फ्लाइंग ऑफिसर सेखों के गनट्स की संख्या फिर से चार से एक हो गई थी। फ्लाइंग अफसर सेखों ने अकेले ही दुश्मन को असमान लड़ाई में उलझा दिया। इसके बाद होने वाली लड़ाई में, ऊपर ट्रीटॉप्स में, उन्होंने लगभग अपना खुद का आयोजन किया, लेकिन अंततः संख्याओं के भारी वजन से उबर गए। उनके विमान को कृपाण से मार गिराया गया और वह मारा

गया। फ्लाइंग ऑफिसर सेखों की उदात्त वीरता, सर्वोच्च वीरता, उड़ान कौशल और कर्तव्य की पुकार से परे और निश्चित मौत के सामने दृढ़ संकल्प ने वायु सेना की परंपरा में नई ऊंचाइयों को स्थापित किया।है

रविंदर सिंह गिल, एक पारिवारिक मित्र, शहीद के साथ अपने जुड़ाव को याद करते हैं।

"मेरे पिताजी और त्रिलोक चाचा बहुत अच्छे दोस्त थे। आप रिश्तेदारों से ज्यादा कह सकते हैं। मेरे कानपुर स्कूल में हर कोई जानता था कि निर्मल वीरजी मेरे चचेरे भाई थे क्योंकि मैं उनके माता-पिता को मामा जी और मामीजी कहता था क्योंकि मेरी माँ सेखों परिवार से थीं। मेरे पास उनके माता-पिता और विधवा मनजीत भाभीजी की पीवीसी पकड़े हुए फोटो हैं। मैं इसे 30 जनवरी 1972 को कानपुर ले गया। निर्मल वीर जी के आदर्श थे कीलोर भाई और अब्दुल हमीद। नैट उनका पसंदीदा विमान था और वीर जी ने अपने बड़े जूड़ा (अपनी पगड़ी से ऊपर) को नैट स्क्वाड्रन में शामिल होने के लिए कुर्बान कर दिया था जो उनकी सभी तस्वीरों में दिखाई देता है। छात्रों और शिक्षकों द्वारा मेरा बहुत सम्मान किया जाता था क्योंकि वे उन्हें अपना चचेरा भाई मानते थे। जब 14 दिसंबर 1971 की शाम को पहली बार खबर आई, तो त्रिलोक मामाजी हमारे भारतीय वायु सेना के क्वार्टर में थे क्योंकि उन्होंने कभी-कभी मामाजी की अनुपस्थिति में हमारे साथ भोजन किया।

18

लेफ्टिनेंट सुशील खजुरिया

लेफ्टिनेंट सुशील खजुरिया

Scan for Story Videos - www.itibook.com

लेफ्टिनेंट सुशील खजुरिया का जन्म 28 अगस्त 1985 को सांबा, जम्मू-कश्मीर में हुआ था। सेना के दिग्गज एनबी सब्ब सोम दत्त खजुरिया के बेटे, लेफ्टिनेंट खजुरिया ने केंद्रीय विद्यालय नंबर 1, गांधी नगर, जम्मू से अपनी स्कूली शिक्षा पूरी की। वह चार भाई-बहनों में बड़े भाई अनिल, छोटे भाई सुनील और बहन दीपिका के साथ दूसरे नंबर पर थे। स्नातक स्तर की पढ़ाई के बाद वह अधिकारी प्रशिक्षण अकादमी (OTA) में शामिल हो गए और 20 मार्च 2010 को सेना सेवा कोर में नियुक्त हुए। दूसरी पीढ़ी के अधिकारी, लेफ्टिनेंट सुशील खजुरिया के दो भाई और बहन भी सशस्त्र बलों में शामिल हुए। वर्तमान में, उनके बड़े भाई अनिल खजुरिया सेना में कर्नल के पद पर कार्यरत हैं, जबकि उनकी बहन दीपिका भारतीय वायु सेना में कार्यरत हैं।

हालांकि लेफ्टिनेंट सुशील खजुरिया को एएससी के रूप में नियुक्त किया गया था, उनका पहला ऑपरेशनल असाइनमेंट जम्मू और कश्मीर में स्थित 18 ग्रेनेडियर्स यूनिट में था। लेफ्टिनेंट सुशील खजुरिया 14 अप्रैल 2010 को पंजगाम में यूनिट में शामिल हुए। शुरुआत में ही उन्हें एक घटक प्लाटून कमांडर बना दिया गया था और जल्द ही वे जम्मू-कश्मीर में कुपवाड़ा की सीमा से लगे दुर्गम पहाड़ी इलाकों में आतंकवाद

विरोधी अभियान चला रहे थे। उनकी पहली वास्तविक मुठभेड़ 29 जुलाई 2011 को हुई थी, जहां उन्होंने अपना उत्कृष्ट परिचय दिया और बटालियन एक कट्टर आतंकवादी को ढेर करने में सफल रही।

27 सितंबर, 2011 को, लेफ्टिनेंट सुशील खजुरिया उबड़-खाबड़ और ऊबड़-खाबड़ इलाकों में अपनी टीम का नेतृत्व कर रहे थे, साथ ही उच्च गठन मुख्यालयों और पड़ोसी संरचनाओं से विशिष्ट इनपुट के आधार पर चार अन्य टीमों के साथ आंदोलनों का समन्वय कर रहे थे। कुपवाड़ा जिले के सामान्य कोपरा इलाके में करीब 5 से 6 आतंकियों की घुसपैठ का काफिला है.

आतंकवादियों से निपटने के लिए तलाशी और विनाश मिशन पर दस्तों को लॉन्च किया गया था। एक नाले की खोज के दौरान उनकी टीम पर भारी गोलीबारी हुई। यह देखते हुए कि आतंकवादी एक बड़ी चट्टान के पीछे एक लाभप्रद स्थिति में बैठे थे क्योंकि उनका दोस्त आतंकवादियों की गोलीबारी से ऊब गया था, लेफ्टिनेंट सुशील खजुरिया घने पेड़ों के माध्यम से एक तरफ रेंगते हुए गए और आतंकवादियों को अपनी टीम से कवरिंग फायर के तहत देखा। अपनी निजी सुरक्षा से अनभिज्ञ, उसने रैंप पर आतंकवादियों पर हमला किया और उनमें से दो को मार गिराया।

ऑपरेशन के दौरान एक अन्य टीम के हेड स्काउट हवलदार रवि कुमार को सुबह करीब 10.30 बजे आतंकियों ने गोली मार दी और वह गंभीर रूप से घायल हो गए. हवा कुमार आतंकियों की फायरिंग के आगे नहीं बढ़ सका। लेफ्टिनेंट सुशील खजुरिया ने घायल जवान रवि कुमार को निकालने के लिए स्वेच्छा से मदद की। लेफ्टिनेंट सुशील खजुरिया को उतारते समय एक आतंकवादी ने गोली मार दी और गंभीर रूप से घायल हो गए। लेफ्टिनेंट खजुरिया बाद में घायल हो गए और शहीद हो गए। लेफ्टिनेंट सुशील खजुरिया को उनकी असाधारण वीरता, असाधारण नेतृत्व और सौहार्दपूर्ण सेवा के लिए देश के दूसरे सर्वोच्च शांतिकालीन वीरता पुरस्कार, "कीर्ति चक्र" से सम्मानित किया गया।

लेफ्टिनेंट सुशील खजुरिया के परिवार में उनके पिता एनबी सब्ब सोम दत्त खजुरिया (सेवानिवृत्त), मां, भाई कर्नल अनिल खजुरिया और

सुनील खजुरिया और बहन दीपिका हैं।

लेफ्टिनेंट सुशील खजुरिया केसी जम्मू-कश्मीर में कुपवाड़ा जिले के प्रमुख इलाकों में तलाशी अभियान पर अपनी टीम का नेतृत्व करते हुए दो आतंकवादियों के साथ आमने-सामने हो गए। असाधारण सूझबूझ दिखाते हुए, उन्होंने उनकी टीम पर गोलियां चलाई और अपनी टीम को कवर करने दिया। एक लंबी गोलाबारी में, अधिकारी ने कवर से कवर तक प्रगति की और अथक दृढ़ संकल्प और कच्चे साहस के साथ आतंकवादी को पास से घुसकर मार गिराया। दूसरे आतंकी ने टीम पर जमकर फायरिंग की। खतरे को भांपते हुए, अधिकारी ने, सर्वोच्च क्रम की विशिष्ट वीरता का प्रदर्शन करते हुए, तुरंत लगे और आतंकवादी को पीछे हटने के लिए मजबूर कर दिया। उसने आतंकवादी का पीछा किया, जमीन में एक चालाक साजिश का उपयोग करते हुए, एक अप्रत्याशित दिशा से आ रहा था और व्यक्तिगत रूप से एक अन्य आतंकवादी को मार डाला।

अपनी व्यक्तिगत सुरक्षा की परवाह न करते हुए, अधिकारी ने भारतीय सेना की सर्वोच्च परंपराओं का पालन करते हुए कर्तव्य और सौहार्द की असाधारण भावना दिखाई और तुरंत अपने घायल सहयोगी को निकालने के लिए आगे बढ़े। लेफ्टिनेंट सुशील खजुरिया को सेना की सर्वोच्च परंपरा में असाधारण वीरता, असाधारण नेतृत्व और सौहार्दपूर्ण कार्यों के लिए 'कीर्ति चक्र' (मरणोपरांत) पुरस्कार के लिए सिफारिश की गई है।

वो नहीं कर सकता ....। ब्लॉग - एक भारतीय द्वारा श्रद्धांजलि

कल रात के करीब 11 बजे का समय रहा होगा जब मैं ऑनलाइन था, अपना ब्लॉग पढ़ रहा था और पाठकों को जवाब दे रहा था, दोस्तों द्वारा पोस्ट कर रहा था, मैंने पहली पोस्ट देखने के लिए फेसबुक पर लॉग इन किया, यह मेरे छात्रों में से एक राकेश त्रिपाठी का था। जिन्होंने एक अपरंपरागत करियर चुना और सेना में शामिल हो गए। अभी आईआईटी पवई से एमटेक कर रही हूं और पढ़ाई कर रही हूं। पोस्ट लेफ्टिनेंट सुशील खजुरिया की अंतिम यात्रा की एक फोटो फीचर थी। 26 वर्षीय ने सीमा

पार से उच्च प्रशिक्षित घुसपैठियों से लड़ते हुए 27 सितंबर को जम्मू और कश्मीर में सर्वोच्च बलिदान दिया। उन्होंने कठिन इलाके में बहादुरी से लड़ाई लड़ी, दो आतंकवादियों को मार गिराया लेकिन एक घायल साथी को निकालने के दौरान दुश्मन की गोलियों का शिकार हो गए। अंतिम यात्रा की तस्वीरें, उनके नाम लश्क के साथ ताबूतरी जवानों, बेबस परिवार, पिता, भाई, बहन, ग्रामीणों द्वारा पुष्पांजलि, पुष्पवर्षा, तोपों की सलामी और अंत में एक बहादुर लड़के को आग लगा दी गई। मातृभूमि की सुरक्षा सुनिश्चित करने के लिए भारत ने कभी न लौटने के लिए प्रस्थान किया है।

यह भावनात्मक रूप से सूखा था, दिल की धड़कन से लेकर आँखों तक सब कुछ काम पर था, किसी से बात नहीं करना चाहता था क्योंकि मैं नहीं कर सकता था। लेफ्टिनेंट सुशील की रात भर बंदूक थामे, पिता और भाई के साथ पासिंग आउट परेड और उसके बाद की अंतिम यात्रा के शोक, सम्मान, शोक की तस्वीरें...। मेरा पीछा किया जा रहा था। मैं बेचैन था। वह केवल 26 साल का था और अगले साल शादी कर रहा था। शिक्षा के एक इंजीनियर ने 18 ग्रेनेडियर्स का चयन किया। उनके भाई भी फौज में हैं। वह जम्मू-कश्मीर के सांबा जिले का रहने वाला था। परिवार में सबसे छोटा हमेशा सेना में भर्ती होना चाहता था। सेना में शामिल होने के बमुश्किल डेढ़ साल बाद 20 मार्च 2010 को पूरे सैन्य सम्मान के साथ उनका अंतिम संस्कार किया गया।

ये लोग ऐसे कैसे हो सकते हैं? कोई डर नहीं, केवल बहादुरी। परिवार से प्यार करते हैं लेकिन देश सर्वोच्च है, उनका सपना शहीद है, चाहते हैं कि परिवार उनकी बहादुरी पर गर्व करें। वे विभिन्न सामग्रियों के हैं। बचपन से ही ये बहुत अलग होने के लक्षण दिखाते हैं। वे राष्ट्रीय सेवा के अपने सपने को पूरा करने के लिए सशस्त्र बलों में शामिल होते हैं और गोलियों का सामना करने से कभी नहीं हिचकिचाते। ड्यूटी के दौरान उनके दिमाग को मैप करना बहुत मुश्किल है, लेकिन उनके समर्पण, समर्पण और अनुशासन के कारण यह आसान हो सकता है, सभी कर्तव्य की पुकार पर केंद्रित हैं।

उनके बलिदान के तुरंत बाद, फेसबुक पेज श्रद्धांजलि से भरा हुआ था, देशभक्तिपूर्ण टिप्पणियों से भरा हुआ था, सभी दुख व्यक्त कर रहे थे लेकिन उनकी अंतिम सेवा के लिए उन्हें सलाम कर रहे थे, परिवार के लिए राष्ट्र का आभार व्यक्त कर रहे थे और सभी परिवार के साथ थे। राजनीतिक उदासीनता हमेशा की तरह जारी रही क्योंकि एक भी मंत्री को उनके अंतिम संस्कार में शामिल होने और उनके सम्मान का भुगतान करने का समय नहीं मिला। क्या हम उन्हें ज़रूरत से ज़्यादा आंक रहे हैं? असंवेदनशीलता की अपनी सर्वश्रेष्ठ परंपरा में उन्हें जो करना है करने दीजिए, हम लेफ्टिनेंट सुशील के परिवार को दिखा देंगे कि देश उनके अमर सपूत का दिल से सम्मान करता है.

यह ब्लॉग इस युवा योद्धा को श्रद्धांजलि देने का एक छोटा सा प्रयास है।

लेफ्टिनेंट सुशील के दोस्त विकास हंस ने अपने फेसबुक अकाउंट पर पोस्ट किया, 'एक दिन जब मेरे दिल में गोली चली और मैं अपने देश के लिए अपनी जान दे दूं, तो अपना मेडल मेरे सीने पर रख देना और मेरी मां से कहना कि उसका बेटा बहुत बहादुर है। आदमी शब्द मेरी कॉपी के एक सादे पन्ने पर मेरे दोस्त सुशील ने करीब छह साल पहले लिखा था। कौन जानता है कि वह आज इसे साबित कर देगा। मुझे आपका दोस्त होने पर गर्व है। भाई मैं आपको प्यार करता हूँ। तुम्हारी याद आती हैं।"

48 घंटे से अधिक समय तक चली लड़ाई के बारे में मीडिया को जानकारी देते हुए अधिकारियों ने कहा कि उन्होंने करीब से हुई लड़ाई में पांच आतंकवादियों को मार गिराया। खोज अभियान में, हवलदार रवि कुमार मारा जाता है और लेफ्टिनेंट सुशील स्वयंसेवक रवि कुमार को बचाने के लिए। लेकिन वह ऐसा नहीं कर सका। हां, वह वहां नहीं पहुंच सके, लेकिन उन्होंने अपने सर्वोच्च बलिदान से भारत के दिल में जगह बनाई, जिन पुरुषों पर हमें गर्व है, उन पुरुषों की सूची में जिन्होंने हमारी सुरक्षा के लिए गोलियां चलाईं। पुरुषों का राष्ट्र कप्तान विक्रम बत्रा, कैप मनोजकुमार पांडे, मेजर संदीप उन्नीकृष्णन और अंत में .. भारत के असाधारण, बहादुर, अमर पुत्रों की लीग का आभारी है।

लेफ्टिनेंट सुशील खजुरिया को सलाम।

19

लेफ्टिनेंट नवदीप सिंह

RAVDEEP SINGH

Scan for Story Videos - www.itibook.com

लेफ्टिनेंट नवदीप सिंह, एसी भारतीय सेना में 15 मराठा लाइट इन्फैंट्री रेजिमेंट के एक घटक प्लाटून कमांडर थे।

उन्होंने 17 अच्छी तरह से प्रशिक्षित और सशस्त्र आतंकवादियों पर हमला करने के लिए एक ऑपरेशन का नेतृत्व किया, जिन्होंने जम्मू और कश्मीर राज्य में घुसपैठ की थी। उन्होंने 4 आतंकवादियों का सफाया कर दिया और टीम के एक घायल सदस्य को लगभग घातक रूप से घायल होने से पहले सुरक्षित स्थान पर ले आए। उन्हें मरणोपरांत 63वें गणतंत्र दिवस पर भारत के राष्ट्रपति द्वारा भारत के सर्वोच्च शांतिकालीन वीरता पुरस्कार अशोक चक्र से सम्मानित किया गया।

गुरदासपुर में जन्मे, सिंह तीसरी पीढ़ी के सैनिक थे जिन्होंने भारतीय सेना में सेवा की। उनके दादा एक जूनियर कमीशंड अधिकारी थे, जबकि उनके पिता जोगिंदर सिंह ने 30 साल तक बंगाल सैपर्स में सूबेदार-मेजर के रूप में काम किया और एक मानद कप्तान के रूप में सेवानिवृत्त हुए। उन्होंने बीएससी में स्नातक की पढ़ाई पूरी की। 2006 में IHM-गुरदासपुर से होटल मैनेजमेंट में और 2009 में आर्मी इंस्टीट्यूट ऑफ मैनेजमेंट, कोलकाता से पोस्ट ग्रेजुएशन किया, जहाँ उन्होंने MBA की डिग्री प्राप्त की।

सिंह ने एक कॉर्पोरेट कैरियर से परहेज किया और इसके बजाय अधिकारी प्रशिक्षण अकादमी में एक सज्जन कैडेट के रूप में शामिल हुए। उन्हें 19 मार्च 2011 को सेना आयुध कोर में नियुक्त किया गया था। जैसा कि भारतीय सेना के सभी गैर-लड़ाकू हथियारों के साथ प्रथागत है, अधिकारियों को एक युद्ध या उग्रवाद-विरोधी थिएटर में एक पैदल सेना बटालियन के साथ दो साल का जुड़ाव पूरा करना होगा। दो साल की इस अवधि के लिए, अधिकारी, सभी व्यावहारिक उद्देश्यों के लिए उक्त पैदल सेना बटालियन से संबंधित है। 5 लेफ्टिनेंट सिंह अपने पहले पद पर कमीशन अधिकारी के रूप में जम्मू और कश्मीर में 15 मराठा लाइट इन्फैंट्री से जुड़े थे।

20 अगस्त 2011 को, सिंह ने उत्तरी कश्मीर के गुरेज़ सेक्टर में 17 सशस्त्र आतंकवादियों को मारने या पकड़ने के लिए एक अभियान की योजना बनाई और उसका नेतृत्व किया। उन्होंने आतंकवादियों के लिए घात लगाकर हमला किया और ऐसा करने से पहले टीम को गोली नहीं चलाने का आदेश दिया। उग्रवादियों के कुछ ही मीटर दूर होने तक इंतजार करने के बाद, उन्होंने हमला करने से पहले घुसपैठियों को घेर लिया। उन्होंने हमला करने से पहले खुद को एक न्यूनतम कवर प्वाइंट और अपनी टीम को बोल्डर के पीछे तैनात किया। उन्होंने तीन आतंकवादियों को तब मार गिराया जब उन्होंने एक घायल सैनिक को सुरक्षित स्थान पर ले जाने का प्रयास करते समय लगभग पांच मीटर की दूरी से उनके सिर में गोली मार दी। उसने फिर भी चौथे आतंकवादी को मार गिराया। वह अपने साथी को सुरक्षित निकालने में कामयाब रहे और तब तक फायरिंग करते रहे जब तक उनकी मौत नहीं हो गई।

यह मुठभेड़ करीब 8 मिनट तक चली जिसमें 12 प्रशिक्षित आतंकी मारे गए। उनके शव को श्रीनगर के एक अस्पताल में ले जाया गया।

लेफ्टिनेंट नवदीप सिंह नियंत्रण रेखा के पास ऊंचाई वाले क्षेत्र में तैनात 15 मराठा लाइट इन्फैंट्री के घटक प्लाटून कमांडर थे।

20 अगस्त 2011 को लगभग 0030 बजे आतंकवादियों के एक समूह की घुसपैठ की सूचना मिलने पर, अधिकारी ने आतंकवादियों के संभावित मार्ग की गणना की और सही जगह पर घात लगाकर हमला

किया। आतंकियों की नजर पड़ी तो अफसर ने खुद एंबुश को अंजाम दिया। जमकर फायरिंग हुई। अधिकारी ने आगे से नेतृत्व करते हुए तीन आतंकवादियों को नजदीक से मार गिराया। एक अन्य आतंकवादी को अपनी व्यक्तिगत सुरक्षा की पूरी परवाह न करते हुए अपनी स्थिति की ओर आते देख, अधिकारी ने तुरंत अपनी गोलीबारी की स्थिति बदल दी। ऐसा करते समय उनके सिर में गोली मार दी गई। हालांकि, वह चौथे आतंकवादी को खत्म करने में कामयाब रहे। इसके अलावा, अत्यधिक वीरता और साहचर्य का प्रदर्शन करते हुए, उन्होंने एक घायल साथी सैनिक को सुरक्षा के लिए खींच लिया और तब तक गोलीबारी जारी रखी जब तक कि वह अत्यधिक रक्तस्राव से बेहोश नहीं हो गया।

लेफ्टिनेंट नवदीप सिंह ने आतंकवादियों को परास्त करते हुए और देश के लिए सर्वोच्च बलिदान देते हुए अपनी अदम्य भावना, दृढ़ संकल्प और असाधारण बहादुरी का परिचय दिया।

लेफ्टिनेंट नवदीप सिंह के पार्थिव शरीर को अगले दिन भारतीय ध्वज में लिपटे एक सैन्य काफिले में उनके पैतृक गांव गुरदासपुर लाया गया। शोक मनाने वालों में उनके गांव के लोग, नागरिक और सैन्य अधिकारी और उनकी रेजिमेंट के सैनिक शामिल थे जिन्होंने उन्हें गार्ड ऑफ ऑनर और अंतिम सलामी दी। राज्य के कैबिनेट मंत्री ने मुख्यमंत्री का प्रतिनिधित्व करते हुए उनके पार्थिव शरीर पर पुष्पांजलि अर्पित की। पूरे राजकीय और सैन्य सम्मान के साथ उनका अंतिम संस्कार किया गया, जिसमें भीड़ ने फूल बरसाए और "लॉन्ग लाइव नवदीप सिंह" के नारे लगाए।

उन्हें भारत के राष्ट्रपति प्रतिभाताई पाटिल द्वारा मरणोपरांत 63वें गणतंत्र दिवस पर अशोक चक्र से सम्मानित किया गया था।

20

कप्तान महेंद्रनाथ मुल्ला

कप्तान महेंद्रनाथ मुल्ला

Scan for Story Videos - www.itibook.com

कैप्टन महेंद्र नाथ मुल्ला का जन्म 15 मई 1926 को उत्तर प्रदेश के गोरखपुर में हुआ था। वह वकीलों के परिवार से ताल्लुक रखते थे जिसमें उनके पिता श्री तेज नारायण मुल्ला उच्च न्यायालय में न्यायाधीश थे और उनके बड़े भाई वकील थे। उनके चाचा श्री आनंद नारायण मुल्ला भी एक वकील थे और इलाहाबाद उच्च न्यायालय की लखनऊ खंडपीठ के सदस्य थे। कैप्टन मुल्ला की युवावस्था में कानूनी पेशे में भी रुचि थी, लेकिन जैसे-जैसे वे बड़े होते गए, उनकी रुचि सशस्त्र बलों में स्थानांतरित हो गई। 20 वर्ष की आयु में, उन्होंने इंटरमीडिएट परीक्षा उत्तीर्ण की और 1 मई 1948 को भारतीय नौसेना में नियुक्त हुए। नौसेना में अपने कार्यकाल के दौरान, कैप्टन महेंद्र नाथ मुल्ला को सेवा में कोर्ट-मार्शल कार्यवाही में एक उत्कृष्ट बचाव वकील के रूप में वर्णित किया गया था। . अन्य रुचियों के अलावा, उन्होंने उर्दू शायरी का भी आनंद लिया।

कैप्टन मुल्ला को चार साल के लिए यूके में प्रशिक्षित किया गया था और उनकी वापसी पर एक माइन्सवीपर के कार्यकारी अधिकारी के

रूप में कार्य किया। उन्होंने आईएनएस कृष्णा में तीन साल तक सेवा की। कैप्टन मुल्ला ने अपने सेवा करियर के दौरान नौसेना मुख्यालय में नौसेना नियुक्तियों के प्रभारी अधिकारी, तीन साल के लिए लंदन में भारतीय उच्चायुक्त के उप नौसेना सलाहकार और नौसेना तटीय प्रतिष्ठान आईएनएस आंग्रे, बॉम्बे के कार्यकारी अधिकारी सहित कई महत्वपूर्ण नियुक्तियां कीं। नौसेना योजना निदेशालय में नौसेना मुख्यालय में अपने कार्यकाल के अलावा, उन्होंने विध्वंसक आईएनएस राणा के कमांडिंग ऑफिसर के रूप में भी काम किया। फरवरी 1971 में, वह INS खुखरी में शामिल हुए और जहाज के कप्तान के रूप में कार्यभार संभाला।

भारत-पाक युद्ध: 09 दिसंबर 1971

जब 1971 का भारत-पाक युद्ध छिड़ा, तब कैप्टन मुल्ला पश्चिमी बेड़े में दो जहाजों की एक टास्क फोर्स की कमान संभाल रहे थे। इस टास्क फोर्स को उत्तरी अरब सागर में दुश्मन की पनडुब्बियों का शिकार करने और उन्हें बेअसर करने का काम सौंपा गया था। 03 दिसंबर 1971 को, भारतीय नौसेना के रेडियो डिटेक्शन उपकरण ने दीव बंदरगाह के आसपास एक पनडुब्बी की पहचान की। इसके बाद, दुश्मन पनडुब्बी के खतरे का मुकाबला करने के लिए दो जहाजों आईएनएस किरपान और आईएनएस कुठार के साथ आईएनएस खुखरी को भेजा गया।

9 दिसंबर की देर शाम को, आईएनएस खुखरी पर पाकिस्तानी पनडुब्बी पीएनएस हंगुर ने हमला किया और एक टारपीडो दागा, जिससे विनाशकारी क्षति हुई। कप्तान मुल्ला ने मिनटों में स्थिति का आकलन किया और इसे छोड़ने का आदेश दिया। खुखरी के अंदर दो बड़े विस्फोट हुए और जहाज में अंधेरा छा गया। जैसे ही उसने सारी शक्ति खो दी और 'जहाज छोड़ने' के आदेश का पालन किया, अराजकता उसके दाहिने (स्टारबोर्ड) की ओर मुड़ने लगी। लेकिन इन सब के बीच, कप्तान मुल्ला जाहिर तौर पर काफी शांत और शांत थे क्योंकि उन्होंने सबसे बुरे समय का इंतजार किया था; कई बचे लोगों को जहाज छोड़ने में मदद करना। उन्होंने अधिक से अधिक लोगों को बचाने की कोशिश करते हुए अनुकरणीय बहादुरी दिखाई। उन्होंने अपने सेकेण्ड-इन-कमांड को

लाइफबोट्स, राफ्ट्स और ब्वॉयज को समुद्र में गिराने का निर्देश दिया, जिसके बाद उन्होंने व्यक्तिगत रूप से अपने लोगों की सुरक्षा सुनिश्चित की और उन्हें लाइफबोट्स में ले गए।

आईएनएस खुखरी 176 नाविकों और 18 अधिकारियों और जहाज के कप्तान को लेकर अरब सागर में उसकी पानी वाली कब्र में मिनटों में डूब गया। लेकिन कैप्टन मुल्ला इतने सच्चे नेता थे कि उन्होंने अपने जहाज और उसमें फंसे लोगों को नहीं छोड़ा। अपने जीवन के अंतिम क्षणों में, कैप्टन मुल्ला ने असाधारण साहस दिखाया, हममें से कई लोगों को बचाने में मदद की और अपने जहाज को नहीं छोड़ा। घायल और उसके सिर से खून बह रहा था, वह जहाज के साथ नीचे चला गया। संकट के दौरान कैप्टन मुल्ला के शांत, शांत और दृढ़ धैर्य ने न केवल जीवित सेना का, बल्कि आने वाले वर्षों के लिए पूरी नौसेना और सशस्त्र बलों का मनोबल बढ़ाया।

कप्तान महेंद्र नाथ मुल्ला को उनके अद्वितीय साहस, नेतृत्व और सर्वोच्च बलिदान के लिए पहली भारतीय नौसेना और देश के दूसरे सर्वोच्च वीरता पुरस्कार "महावीर चक्र" से सम्मानित किया गया था।

फ्रिगेट स्क्वाड्रन के एक वरिष्ठ अधिकारी कैप्टन एमएन मुल्ला की कमान में भारतीय नौसेना के दो जहाजों को उत्तरी अरब सागर में पाकिस्तानी पनडुब्बियों का पता लगाने और उन्हें नष्ट करने का काम सौंपा गया था। 9 दिसंबर, 1971 की रात को इन ऑपरेशंस के दौरान, INS "खुखरी" दुश्मन की एक पनडुब्बी द्वारा दागे गए एक टॉरपीडो से टकराकर डूब गया। जहाज छोड़ने का निर्णय लेने के बाद, कप्तान मुल्ला ने अपनी व्यक्तिगत सुरक्षा की परवाह किए बिना, बहुत ही शांत, शांत और व्यवस्थित तरीके से अपने जहाज की कंपनी की बचाव व्यवस्था का निरीक्षण किया। बाद के चरण में जब जहाज डूब रहा था, कप्तान मुल्ला ने सूझ-बूझ दिखाई और बचाव अभियान जारी रखा, एक नाविक को अपने स्वयं के जीवन रक्षक उपकरण सौंपकर खुद को बचाने से इनकार कर दिया। जितना संभव हो उतने लोगों को जहाज छोड़ने का निर्देश देते हुए, कप्तान मुल्ला यह देखने के लिए पुल पर वापस गए कि आगे क्या बचाव कार्य किया जा सकता है। ऐसा करते हुए कैप्टन

मुल्ला आखिरी बार अपने जहाज के साथ नीचे जाते हुए नजर आते हैं। उनके कार्य और व्यवहार और उनके द्वारा स्थापित उदाहरण सेवा की उच्चतम परंपराओं को ध्यान में रखते हुए हैं। कैप्टन एमएन मुल्ला ने असाधारण वीरता और समर्पण का परिचय दिया।

कैप्टन मुल्ला की बड़ी बेटी अमिता मुल्ला वट्टल: "मेरा पूरा जीवन एक ऐसे व्यक्ति की गवाही है जो देश के लिए मर गया और मुझे विश्वास है कि मुझे इसके लिए जीना है। हालाँकि, विडंबना यह है कि वह जिस अनुकरणीय तरीके से जीते और मरते हैं वह कब हैउनकी अपेक्षाएं पूरी नहीं हो सकीं। "जब उनका जहाज एक टारपीडो से टकराया और 9 दिसंबर, 1971 को डूबने लगा, तो उन्होंने लाइफबोट की सुरक्षा के लिए अधिक से अधिक नाविकों और अधिकारियों को लाने के लिए कोई कसर नहीं छोड़ी। और जब उसने अपना कर्तव्य पूरा किया, तो उसने अपने जहाज के साथ नीचे जाने का फैसला किया। इसलिए नहीं कि यह करना सही था, या इसलिए कि उससे इसकी अपेक्षा की गई थी, बल्कि यह एकमात्र ऐसी चीज थी जिसे मैं उस तरह से जानता था जैसा मैंने किया। "वह अपने जहाज के साथ नीचे जाने वाले स्वतंत्र भारत की नौसेना के पहले कप्तान थे और उम्मीद है कि आखिरी थे। ऐसा एक आदमी जीवन भर के लिए पूरे देश का सम्मान करने के लिए काफी है।

जनरल कार्डोज़ो: "इस साहसी और वीरतापूर्ण कार्य में, कप्तान मुल्ला हमें न केवल जीना सिखाता है, बल्कि मरना भी सिखाता है।"

कैप्टन मुल्ला की पत्नी सुधा मुल्ला ने अपने दिवंगत पति की सेवा के बारे में कहा, "नौसेना घर से दूर मेरा घर है। यह हमेशा मेरे लिए रहा है। मेरे लिए रक्षा सेवाएं भाईचारे, परिवार की भावना और राष्ट्र निर्माण का एक बड़ा उदाहरण हैं।

21
मेजर संदीप उन्नीकृष्णन

मेजर संदीप उन्नीकृष्णन

Scan for Story Videos - www.itibook.com

मेजर संदीप उन्नीकृष्णन का जन्म 15 मार्च 1977 को कोझिकोड, केरल में हुआ था। मेजर संदीप उन्नीकृष्णन बैंगलोर में रहने वाले एक नायर परिवार से थे, जो केरल के कोझिकोड जिले के चेरुवन्नूर के रहने वाले थे। इसरो अधिकारी श्री के. उन्नीकृष्णन और श्रीमती धनलक्ष्मी उन्नीकृष्णन की इकलौती संतान, उन्होंने कम उम्र से ही सशस्त्र बलों में सेवा करने का विचार बनाए रखा। उन्होंने 1995 में विज्ञान में डिग्री के साथ स्नातक होने से पहले बैंगलोर के फ्रैंक एंथोनी पब्लिक स्कूल में 14 साल बिताए। उन्होंने स्कूल की गतिविधियों में अच्छा प्रदर्शन किया और खेल प्रतियोगिताओं में भी उत्कृष्ट प्रदर्शन किया। वह स्कूल गाना बजानेवालों का सदस्य था और फिल्में देखना पसंद करता था।

वह 1995 में राष्ट्रीय रक्षा अकादमी (NDA), पुणे, महाराष्ट्र में शामिल हुए और NDA के 94वें पाठ्यक्रम के भाग के रूप में स्नातक हुए। उनके एनडीए के मित्र उन्हें "निःस्वार्थ", "उदार" और "शांत और रचित" के रूप में याद करते हैं। इसके बाद उन्होंने आईएमए देहरादून में 104 आईएमए कोर्स ज्वाइन किया और 1999 में पास आउट हुए।

उन्हें 22 साल की उम्र में 12 जुलाई 1999 को बिहार रेजिमेंट (इन्फैंट्री) की 7वीं बटालियन में लेफ्टिनेंट के रूप में कमीशन मिला था। एक ऑपरेशनल यूनिट में शामिल होने के बाद उन्होंने जल्द ही अपने क्षेत्र शिल्प कौशल में सुधार किया और एक सख्त और प्रतिबद्ध सैनिक के रूप में विकसित हुए। एक युवा लेफ्टिनेंट के रूप में, उन्होंने जुलाई 1999 में "ऑपरेशन विजय" में भी भाग लिया और पाकिस्तानी सेना द्वारा भारी तोपखाने और छोटे हथियारों की आग का सामना करने वाली एक अग्रिम चौकी पर तैनात किया गया। 31 दिसंबर 1999 की शाम को, उन्होंने छह सैनिकों के एक दस्ते का नेतृत्व किया और भारी विरोध और आग के खिलाफ विरोधी पक्ष से 200 मीटर की दूरी पर एक चौकी स्थापित करने में सफल रहे।

उन्हें 12 जून 2003 को लेफ्टिनेंट से कैप्टन के पद पर पदोन्नत किया गया और बाद में 13 जून 2005 को मेजर के पद पर पदोन्नत किया गया। 'घटक कोर्स' (कमांडो विंग (इन्फैंट्री स्कूल), बेलगाम में), सबसे चुनौतीपूर्ण पाठ्यक्रमों में से एक है। सेना में, उन्होंने "प्रशिक्षक ग्रेडिंग" और प्रशंसा अर्जित करते हुए पाठ्यक्रम में शीर्ष स्थान हासिल किया। उन्होंने गुलमर्ग में हाई एल्टीट्यूड वारफेयर स्कूल (HAWS) में एक कोर्स भी किया और हाई एल्टीट्यूड वारफेयर, काउंटर इंटेलिजेंस और सर्वाइवल स्किल्स में प्रशिक्षण प्राप्त किया। मेजर संदीप उन्नीकृष्णन को सियाचिन, जम्मू और कश्मीर, गुजरात और राजस्थान में विभिन्न स्थानों पर भारतीय सेना में सेवा देने के बाद राष्ट्रीय सुरक्षा गार्ड में शामिल होने के लिए चुना गया था। प्रशिक्षण पूरा होने पर, उन्हें जनवरी 2007 में एनएसजी के 51 विशेष कार्य समूह (51 एसएजी) के प्रशिक्षण अधिकारी के रूप में नियुक्त किया गया और एनएसजी के विभिन्न अभियानों में भाग लिया।

ऑपरेशन ब्लैक टोरनाडो: नवंबर 2008

नवंबर 2008 में, मेजर उन्नीकृष्णन 51 एसएजी के साथ काम कर रहे थे, एनएसजी की एक विशेष प्रतिक्रिया इकाई प्रशिक्षित और आतंकवाद विरोधी अभियानों के लिए सुसज्जित थी। 26 नवंबर, 2008 की रात को दक्षिण मुंबई की कई प्रतिष्ठित इमारतों पर हमला किया

गया था। 100 साल पुराना ताजमहल पैलेस होटल उन इमारतों में से एक है जहां बंधकों को रखा गया था। मेजर उन्नीकृष्णन बंधकों को छुड़ाने के लिए होटल में चलाए गए ऑपरेशन में तैनात 51 स्पेशल एक्शन ग्रुप (51 SAG) के टीम कमांडर थे। वह 10 कमांडो के जत्थे के साथ होटल में दाखिल हुआ और सीढ़ियां चढ़कर छठी मंजिल पर गया। जब टीम सीढ़ियां उतर रही थी तो उन्हें तीसरी मंजिल पर अपराधियों पर शक हुआ। कुछ महिलाओं को बंद कमरे में बंधक बना लिया।

टीम ने दरवाजा तोड़ने का फैसला किया और जब वे कर चुके तो टीम को आतंकवादियों की गोलियों का सामना करना पड़ा। अपराधियों की फायरिंग में मेजर उन्नीकृष्णन के सहयोगी कमांडो सुनील यादव घायल हो गये. मेजर उन्नीकृष्णन ने अपराधियों को गोलीबारी में उलझाकर यादव को बाहर निकालने की व्यवस्था की। बाद में, मेजर उन्नीकृष्णन ने भाग रहे आतंकवादियों का होटल की दूसरी मंजिल तक पीछा किया। मुठभेड़ में उन्हें पीठ में गोली लगी जो जानलेवा साबित हुई। एनएसजी अधिकारियों के मुताबिक, उनके आखिरी शब्द थे, 'उपर मत आना, मैं उन्हें संभाल लूंगा।' उनके असाधारण साहस और नेतृत्व ने उनके साथियों को सभी आतंकवादियों को खत्म करने और सौंपे गए मिशन को सफलतापूर्वक पूरा करने के लिए प्रेरित किया। मेजर संदीप उन्नीकृष्णन एक वीर सैनिक और साहसी अधिकारी थे, जिन्होंने भारतीय सेना की सर्वोच्च परंपराओं का पालन करते हुए 31 वर्ष की आयु में आगे बढ़कर नेतृत्व किया और अपने जीवन को कर्तव्य की पंक्ति में न्यौछावर कर दिया।

मेजर संदीप उन्नीकृष्णन को उनकी अद्वितीय वीरता, अद्वितीय लड़ाई भावना और सर्वोच्च बलिदान के लिए देश के सर्वोच्च शांतिकालीन वीरता पुरस्कार "अशोक चक्र" से सम्मानित किया गया। मेजर संदीप उन्नीकृष्णन के बाद उनके पिता श्री के. उन्नीकृष्णन और माता श्रीमती धनलक्ष्मी उन्नीकृष्णन हैं।

26 नवंबर 2008 को, जब मुंबई में एक आतंकवादी हमला हुआ, तो मेजर संदीप उन्नीकृष्णन ने अपनी टीम के साथ होटल ताजमहल, मुंबई से आतंकवादियों को खदेड़ने के लिए एक ऑपरेशन का नेतृत्व किया,

जिसमें उन्होंने छठी और पांचवीं मंजिल से 14 बंधकों को छुड़ाया और वहां से भाग गए। उन्हें भूतल पर।

केंद्रीय सीढ़ी से आगे बढ़ते समय, उनकी टीम पहली मंजिल से तीव्र आग की चपेट में आ गई, जिसमें उनकी टीम का एक सदस्य मारा गयावह गंभीर रूप से घायल हो गया था। अपनी जान की परवाह न करते हुए मेजर संदीप उन्नीकृष्णन ने सटीक गोलीबारी कर आतंकवादियों को मार गिराया और घायल कमांडो को सुरक्षित बचा लिया। जवाबी फायरिंग में उनका दाहिना हाथ जख्मी हो गया। उग्रवादियों को अंधेरे की आड़ में कमरे से भागने की कोशिश करते देख, घायल होने के बावजूद, अधिकारी तुरंत प्रवेश द्वार पर पहुंचे और प्रभावी गोलीबारी की, भागने के मार्गों को अवरुद्ध कर दिया और उनमें से एक को घायल कर दिया। इस बदले में उन्हें फिर से गोली मारी गई और बाद में उनकी मौत हो गई। अधिकारी की इस सहज कार्रवाई ने आतंकवादियों को वसाबी रेस्तरां में शरण लेने के लिए मजबूर कर दिया, इस प्रकार बाकी टास्क फोर्स को वसाबी रेस्तरां में आतंकवादियों को सफलतापूर्वक खत्म करने के लिए प्रारंभिक प्रोत्साहन प्रदान किया।

सौहार्द और उच्चतम क्रम के नेतृत्व के अलावा, मेजर संदीप उन्नीकृष्णन ने असाधारण बहादुरी का प्रदर्शन किया और देश के लिए सर्वोच्च बलिदान दिया।

22

जनरल अरुण कुमार श्रीधर वैद्य

जनरल अरुण कुमार श्रीधर वैद्य

Scan for Story Videos - www.itibook.com

जनरल अरुण कुमार श्रीधर वैद्य ने 31 जुलाई 1983 को 13वें सेना प्रमुख के रूप में भारतीय सेना की कमान संभाली। 27 जनवरी 1926 को जन्मे, उन्हें 1945 में भारतीय बख्तरबंद कोर में नियुक्त किया गया था और उन्होंने द्वितीय विश्व युद्ध में युद्ध देखा था। वह 9वें डेक्कन हॉर्स के स्वतंत्रता के बाद के सातवें कमांडर थे, जो भारतीय सेना की सबसे पुरानी बख्तरबंद रेजिमेंटों में से एक है। उन्होंने 1965 के भारत-पाक युद्ध के दौरान असाल उत्तर की लड़ाई में इस रेजिमेंट की कमान संभाली और 1971 के भारत-पाक संघर्ष के दौरान शकरगढ़ की लड़ाई में दूसरी (स्वतंत्र) बख्तरबंद ब्रिगेड की कमान संभाली।

1965 के भारत-पाक युद्ध के दौरान तत्कालीन लेफ्टिनेंट कर्नल वैद्य डेक्कन हॉर्स के कमांडर थे। 6 से 11 सितंबर तक उनकी यूनिट ने पंजाब के असल उत्तर और चीमा में कई ऑपरेशन किए। उन्होंने अपनी इकाई को संगठित करने और बड़ी बाधाओं के खिलाफ लड़ने में प्रेरक नेतृत्व और उल्लेखनीय संसाधन क्षमता का प्रदर्शन किया और पाकिस्तानी सेना के पैटन टैंक को गंभीर रूप से घायल कर दिया। अपनी व्यक्तिगत सुरक्षा की पूरी परवाह न करते हुए वे अथक रूप से एक सेक्टर से दूसरे सेक्टर में घूमते रहे, अपने व्यक्तिगत उदाहरण से अपने

सैनिकों को प्रेरित करते रहे। उन्होंने असल उत्तर और बाद में चीमा में युद्ध में पाकिस्तानी सेना को हराने में महत्वपूर्ण भूमिका निभाई थी। उनकी असाधारण बहादुरी के लिए उन्हें महावीर चक्र (वीरता के लिए भारत का दूसरा सर्वोच्च पदक) से सम्मानित किया गया था।

1971 के भारत-पाक संघर्ष के दौरान, तत्कालीन ब्रिगेडियर वैद्य पश्चिमी मोर्चे पर ज़फरवाल सेक्टर में एक बख्तरबंद ब्रिगेड के कमांडर थे। उन्होंने पाकिस्तानी सेना का मुकाबला करने के लिए जल्दी से अपनी ब्रिगेड को आगे बढ़ाया और दुश्मन के टैंकों को अचंभित कर दिया। उन्होंने लगातार और आक्रामक रूप से अपने टैंकों का इस्तेमाल किया और डिवीजन को पाकिस्तानी सेना के खिलाफ लगातार दबाव बनाए रखने और गति बढ़ाने में मदद की। चक्र और दहिरा की लड़ाई में, बारूदी सुरंगों के साथ शत्रुतापूर्ण इलाके के कारण आगे बढ़ना मुश्किल था। शांत और आत्मविश्वासी, उन्होंने माइनफील्ड के माध्यम से क्रॉसिंग बनाया और अपनी निजी सुरक्षा की परवाह किए बिना आगे बढ़ गए। उनके प्रेरक नेतृत्व के कारण, पूरे स्क्वाड्रन ने लेन के माध्यम से धक्का दिया और पाकिस्तानी सेना के पलटवारों का मुकाबला करने के लिए तेजी से तैनात किया।

1971 के भारत-पाक संघर्ष के दौरान, ब्रिगेडियर वैद्य ने शकरगढ़ सेक्टर में बसंतर की लड़ाई के दौरान फिर से अपने पेशेवर कौशल और उत्कृष्ट नेतृत्व का प्रदर्शन किया। उसने अपने टैंकों को एक गहरी खदान के माध्यम से प्राप्त किया, पुलहेड को बढ़ाया और दुश्मन के एक मजबूत पलटवार को खदेड़ दिया। इस युद्ध में पाकिस्तानी सेना के 62 टैंक तबाह हो गए थे। इस पूरी अवधि के दौरान उन्होंने भारतीय सेना की सर्वोत्तम परंपराओं का पालन करते हुए दुश्मन के खिलाफ लड़ने के लिए अदम्य साहस, महान व्यापार कौशल, अदम्य इच्छाशक्ति, दूरदर्शिता और कल्पना का परिचय दिया। इसके लिए उन्हें दूसरे महावीर चक्र (बार टू एमवीसी के रूप में जाना जाता है) से सम्मानित किया गया।

1973 में मेजर जनरल के पद पर पदोन्नत होने के बाद, उन्होंने निदेशक सैन्य संचालन, मुख्यालय दक्षिणी कमान में चीफ ऑफ स्टाफ और कमांडेंट आर्मर्ड कोर सेंटर एंड स्कूल के रूप में नियुक्तियां कीं।

जनवरी 1980 में लेफ्टिनेंट जनरल के पद पर पदोन्नत होने के बाद, उन्हें जून 1981 में पूर्वी कमान के जनरल ऑफिसर कमांडिंग-इन-चीफ नियुक्त किए जाने से पहले मास्टर जनरल ऑफ ऑर्डिनेंस और तत्कालीन जनरल ऑफिसर कमांडिंग ऑफ कॉर्प्स नियुक्त किया गया था। यह बेहद सराहनीय है कि उन्होंने उग्रवाद की समस्या को हल करने के लिए उनकी कमान में काम किया। उन्हें 1983 में परम विशिष्ट सेवा मेडल (पीवीएसएम) से सम्मानित किया गया था।

जनरल वैद्य ने 01 अगस्त 1983 से 31 जनवरी 1985 तक सेना प्रमुख के रूप में कार्यभार संभाला। सेना प्रमुख के रूप में अपने कार्यकाल के दौरान, उन्होंने 1984 में ऑपरेशन ब्लूस्टार की योजना बनाई - उग्रवादी खालिस्तानी अलगाववादियों के खिलाफ एक विवादास्पद सैन्य अभियान, जिन्होंने सिख धर्म के सबसे पवित्र मंदिर - पंजाब में स्वर्ण मंदिर में खुद को रोक लिया था। उन्होंने ऑपरेशन को अपने करियर का सबसे कठिन और दर्दनाक फैसला बताया। 40 वर्ष से अधिक की सेवा पूरी कर 31 जनवरी 1986 को सेवानिवृत्त हुए और पुणे में एक शांत जीवन व्यतीत किया। भारतीय सेना द्वारा स्वर्ण मंदिर पर हमले के प्रतिशोध में 10 अगस्त 1986 को खालिस्तानी अलगाववादियों द्वारा उनकी हत्या कर दी गई थी। राष्ट्र के प्रति उनकी अथक सेवा के लिए मरणोपरांत उन्हें भारत के दूसरे सर्वोच्च नागरिक सम्मान पद्म विभूषण से सम्मानित किया गया।

एक उत्कृष्ट सैन्य नेता, जनरल वैद्य ने भारतीय सेना को बहुत अच्छा नेतृत्व दिया और अपने साथ एक सेना प्रमुख के लिए बहादुरी, वीरता और युद्ध के अनुभव का एक असाधारण भंडार लाया। वह रक्षा सेवाओं में सबसे सुशोभित सैनिकों में से थे।

23

कैप्टन विक्रम बत्रा

कैप्टन विक्रम बत्रा

Scan for Story Videos - www.itibook.com

26 जुलाई 1999 को एक निर्णायक लड़ाई में भारतीय सशस्त्र बलों ने पाकिस्तान को हरा दिया। कारगिल की दुर्गम भूमि पर गहन संघर्ष के दौरान देश की रक्षा के लिए अनेक वीर युवा योद्धाओं ने अपने प्राणों की आहुति दी।

तब से 22 साल बीत चुके हैं, फिर भी कारगिल के नायकों की अतुलनीय वीरता और बलिदान देश की सामूहिक स्मृति में आज भी अंकित है। इन बहादुर योद्धाओं में एक ऐसा शख्स भी था जो निस्वार्थ और निस्वार्थ भाव से लड़ा और जो हर युवा भारतीय सैनिक का चेहरा बन गया।

विक्रम बत्रा का जन्म 9 सितंबर 1974 को हिमाचल प्रदेश में हुआ था और पालमपुर के खूबसूरत हिल स्टेशन में पले-बढ़े। वह एक सरकारी स्कूल के प्रिंसिपल गिरधारी लाल बत्रा और एक स्कूल शिक्षक कमलकांत से पैदा हुए जुड़वां बच्चों में सबसे बड़े थे। विक्रम अपने साथियों और शिक्षकों के बीच एक लोकप्रिय छात्र था क्योंकि वह स्कूल में एक ऑलराउंडर था, शिक्षाविदों के साथ-साथ खेल और पाठ्येतर गतिविधियों में भी उत्कृष्ट था। उन्हें उत्तर भारत में शीर्ष एनसीसी कैडेट नामित किया गया था और कराटे में एक ग्रीन बेल्ट भी रखा गया था

और टेबल टेनिस में राष्ट्रीय स्तर पर प्रतिस्पर्धा की थी। कैप्टन विक्रम बत्रा ने अपने सैन्य करियर की शुरुआत 6 दिसंबर 1997 को भारतीय सेना की जम्मू-कश्मीर राइफल्स की 13वीं बटालियन से की थी। कैप्टन बत्रा 1999 के कारगिल युद्ध के दौरान उत्तर प्रदेश में तैनात थे, जब उन्हें द्रास सेक्टर में सेना में शामिल होने के लिए बुलाया गया था।

कारगिल युद्ध के दौरान उन्हें कैप्टन के पद पर पदोन्नत किया गया था।

कारगिल युद्ध के दौरान, 19 जून को, विक्रम बत्रा की डेल्टा कंपनी को सबसे महत्वपूर्ण चोटियों में से एक, पीक 5140 पर फिर से कब्जा करने का आदेश दिया गया था। हालाँकि पाकिस्तानी सैनिकों को शीर्ष पर होने का फायदा था, बत्रा और उनके लोगों ने सफलतापूर्वक पहाड़ी पर चढ़ाई की और जीत का दावा किया।

अगले मिशन में, कैप्टन बत्रा को उनके आदमियों के साथ अस्सी डिग्री और 17,000 फीट पर प्वाइंट 4875 पर कब्जा करने के लिए भेजा गया।

7 जुलाई की रात को, जैसे ही बत्रा और उनके लोग अपने अभियान पर आगे बढ़े, कोहरे ने मौसम को प्रतिकूल बना दिया। फिर भी, सैनिक शीर्ष पर पहुंचने में सफल रहे। इसी दौरान एक अन्य अधिकारी को बचाने के दौरान बत्रा गंभीर रूप से घायल हो गए। हालांकि, उन्होंने हार नहीं मानी। आखिरकार कप्तान तो टिक नहीं पाए लेकिन भारत ने 8 जुलाई की सुबह प्वाइंट 4875 पर कब्जा कर लिया।

24
राइफलमैन जसवंत सिंह रावत

राइफलमैन जसवंत सिंह रावत

Scan for Story Videos - www.itibook.com

राइफलमैन जसवंत सिंह रावत, एमवीसी (19 अगस्त 1941 - 17 नवंबर 1962) गढ़वाल राइफल्स में सेवारत एक भारतीय सेना के सिपाही थे, जिन्हें मरणोपरांत अरुणाचल में नूरनांग की लड़ाई के दौरान उनके कार्यों के लिए प्रतिष्ठित महावीर चक्र से सम्मानित किया गया था। क्षेत्र, भारत-चीन युद्ध के दौरान भारत

राइफलमैन जसवंत सिंह रावत 17 नवंबर 1962 को नॉर्थ-ईस्ट फ्रंटियर एजेंसी (अब अरुणाचल प्रदेश) में नूरनांग की लड़ाई के दौरान चौथी गढ़वाल राइफल्स की चौथी बटालियन के साथ काम कर रहे थे। उस दिन, 4 गढ़वाल राइफल्स ने पीपुल्स लिबरेशन आर्मी के दो जवानों को उनके पदों पर वापस भेज दिया। तीसरी घुसपैठ के दौरान, एक चीनी मध्यम मशीन गन (एमएमजी) भारतीय सुरक्षा के बहुत करीब आ गई और उनके ठिकानों पर सटीक गोलीबारी कर रही थी। राइफलमैन जसवंत सिंह रावत, लांस नायक त्रिलोक सिंह नेगी और राइफलमैन गोपाल सिंह गुसाईं ने एमएमजी को अपने अधीन करने के लिए स्वेच्छा से भाग लिया।

रावत और गुसाईं ने नेगी से कवर फायर लेते हुए, मशीन गन की स्थिति के ग्रेनेड फेंकने की दूरी के भीतर बंद कर दिया और पांच संतरी के चीनी दल को बेअसर कर दिया, इस प्रक्रिया में MMG पर कब्जा कर लिया। हालांकि, लौटते समय, गुसाईं और नेगी की जान चली गई और रावत गंभीर रूप से घायल होने के बावजूद पकड़े गए हथियार के साथ वापस लौटने में कामयाब रहे। लड़ाई में 300 चीनी मारे गए, जबकि चौथी गढ़वाल राइफल्स ने दो लोगों को खो दिया और आठ घायल हो गए। 6

रावत की कंपनी ने अंततः पीछे हटने का फैसला किया, लेकिन रावत कायम रहे और सेला और नूरा नाम की दो स्थानीय लड़कियों की मदद से लड़ते रहे। बाद में सेला की हत्या कर दी गई और नूरा को पकड़ लिया गया। रावत ने दुश्मन को 72 घंटे तक रोके रखा जब तक कि चीनी ने एक स्थानीय आपूर्तिकर्ता को रोक नहीं लिया, जिसने उन्हें बताया कि वे केवल एक लड़ाकू का सामना कर रहे हैं। चीनियों ने तब रावत की पोस्ट पर हमला किया, लेकिन उनकी मृत्यु का सटीक विवरण स्पष्ट नहीं है। कुछ खातों का दावा है कि रावत ने अंतिम गोला बारूद से खुद को गोली मार ली; दूसरों का कहना है कि उसे चीनियों ने पकड़ लिया और मार डाला। युद्ध के बाद, चीनी कमांडर ने रावत का कटा हुआ सिर और उनकी कांस्य प्रतिमा भारत को वापस कर दी।

जसवंत रावत द्वारा दिखाई गई बहादुरी को उस चौकी पर एक स्मारक बनाकर सम्मानित किया गया जहां उन्होंने पीपुल्स लिबरेशन आर्मी के सामने आत्मसमर्पण किया था। उनके द्वारा धारण किए गए पद का नाम "जसवंत गाड" था। 8 9 एक और सम्मान जो उसे मिला है वह यह है कि वह मृत्यु के बाद भी सेवा करता रहता है; सेवा में होने के कारण उन्हें पदोन्नत किया गया है।

4 गढ़वाल राइफल्स को बाद में बैटल ऑनर नूरानंग से सम्मानित किया गया, जो युद्ध के दौरान सेना की इकाई को दिया जाने वाला एकमात्र युद्ध सम्मान था।

25

कैप्टन गुरबचन सिंह सलारिया

कैप्टन गुरबचन सिंह सलारिया

Indian Army

Scan for Story Videos - www.itibook.com

कैप्टन गुरबचन सिंह सलारिया (जन्म 29 नवंबर 1935; गुरदासपुर, पंजाब - 1961) एक युद्ध नायक हैं, जिन्हें भारत के सर्वोच्च युद्धकालीन सैन्य पुरस्कार परमवीर चक्र से सम्मानित किया गया था।

पार्श्वभूमि

गुरबचन सिंह सलारिया पंजाब के गुरदासपुर में शकरागढ़ के पास जंगला गांव के रहने वाले थे। वे एक किसान परिवार से थे और उनके पिता का नाम चौधरी मुंशी राम सलारिया था। गुरदासपुर और शकरगढ़ के ग्रामीण क्षेत्रों में डोगरा और सैनी दोनों में सलारिया गोत्र पाया जाता है। दोनों चंद्रवंशी राजपूत वंश के हैं और औपनिवेशिक काल के दौरान एक मार्शल जाति के रूप में दर्ज किए गए थे।

सलारिया सैनिस

सलारिया पाकिस्तान के ग्रामीण गुरदासपुर, शकरगढ़, जम्मू और सियालकोट जिले में सबसे बड़ा सैनी कबीला है। कैप्टन गुरबचन सिंह सलारिया गांव जंगल सहित इस क्षेत्र के 17 से अधिक गांवों में सलारिया सैनी का दबदबा है।

पहाड़ी राजपूतों के कई योद्धा वंश हैं। सलारिया एक ऐसा कबीला है। सलारिया के अलावा कुछ अन्य सैनी कबीले, पहाड़ियों के राजपूतों

के साथ ओवरलैप करते हैं: धमरैत (धमरियाल), मंगर (मंगवाल / मंगराल), गहुनिया (गोहैना), ढेरी (ढेरिया), ओघरे (ओघियाल), गहिर (गहोत्रा), अननय (अनोत्रा)।), महेरू (महोत्रा), खार खत्री, फरद, बसुता (बसोतरा), मसुता (मसोत्रा), धनोता (धनोतरा), बिलोरिया, बाउंसर, जगैत (जग्गी), बडवाल, चंदेल, वैद, आदि।

सैन्य वृति

उन्होंने किंग जॉर्ज स्कूल, जालंधर (अब मिलिट्री स्कूल, चायल के रूप में जाना जाता है) में अपनी शिक्षा शुरू की और खडकवासला में राष्ट्रीय रक्षा अकादमी में भाग लिया। 9 जून 1957 को पहली गोरखा राइफल्स (द मलुआन रेजिमेंट) में कमीशन किया गया, उन्हें रेजिमेंट की तीसरी बटालियन में नियुक्त किया गया। 1961 में, सलारिया कटंगा में एक बटालियन के साथ विदेशों में तैनात थे।

बेल्जियम के कांगो छोड़ने के बाद उस देश में गृह युद्ध की स्थिति पैदा हो गई। जब संयुक्त राष्ट्र ने स्थिति को बहाल करने के लिए सैन्य रूप से हस्तक्षेप करने का फैसला किया, तो भारत ने संयुक्त राष्ट्र में लगभग 3000 सैनिकों की एक ब्रिगेड का योगदान दिया। नवंबर 1961 में, संयुक्त राष्ट्र सुरक्षा परिषद ने कांगो में कटंगी बलों की शत्रुतापूर्ण गतिविधियों को समाप्त करने का निर्णय लिया। इसने कटंगा अलगाववादी नेता तशोम्बे को नाराज कर दिया और उनके 'यूएन हेट' अभियान को तेज कर दिया। इसके परिणामस्वरूप संयुक्त राष्ट्र के कर्मचारियों के खिलाफ अधिक हिंसा हुई।

5 दिसंबर 1961 को, 3 इंच मोर्टारों द्वारा समर्थित 3/1 जीआर कंपनी ने मुख्यालय कटंगा कमांड और एलिजाबेथविले एयरफील्ड के बीच अभियान के दौरान कटंगी बलों द्वारा स्थापित सड़क-ब्लॉक पर हमला किया। दुश्मन की बाधा को नष्ट कर दिया गया और गोरखाओं ने वहां संयुक्त राष्ट्र का रास्ता रोक दिया। जब कैप्टन सलारिया ने अपनी पलटन के साथ गोरखा कंपनी से जुड़ने की कोशिश की, तो उन्हें पुराने हवाई क्षेत्र में भारी विरोध का सामना करना पड़ा। दुश्मन ने दो बख़्तरबंद कारों और 90 आदमियों के साथ, इस क्षेत्र को एक मजबूत तरीके से ले लिया और दाहिनी ओर से खोदे गए स्थान से अपने सैनिकों

पर भारी स्वचालित और छोटे हथियारों से आग लगा दी। दुश्मन की बेहतर ताकत और मारक क्षमता से निडर होकर, सलारिया ने उद्देश्य हासिल करने के लिए दुश्मन को उलझाने का फैसला किया। गोरखाओं ने दुश्मन पर संगीनों, खुखरी और हथगोले से हमला किया। इस हमले में उनका साथ एक रॉकेट लॉन्चर ने दिया। इस भीषण मुठभेड़ में कैप्टन सलारिया और उनके लोगों ने 40 दुश्मन को मार गिराया और दुश्मन के दो वाहनों को नष्ट कर दिया। उनकी साहसिक कार्रवाई ने दुश्मन को पूरी तरह से निराश कर दिया, जो संख्यात्मक श्रेष्ठता और अच्छी स्थिति के बावजूद भाग गया। हालाँकि, सगाई के दौरान, कैप्टन सलारिया दुश्मन की स्वचालित आग से गर्दन में जख्मी हो गए थे। चोट को नजरअंदाज करते हुए, वह तब तक लड़ता रहा जब तक कि वह अत्यधिक खून बहने से गिर नहीं गया, फिर उसने दम तोड़ दिया।

कैप्टन सलारिया की कार्रवाइयों ने कटंगी विद्रोहियों को एलिजाबेथविले में संयुक्त राष्ट्र मुख्यालय को घेरने से रोक दिया। उनका नेतृत्व, साहस, कर्तव्य के प्रति अटूट समर्पण और अपनी व्यक्तिगत सुरक्षा के प्रति उपेक्षा भारतीय सेना की सर्वश्रेष्ठ परंपराओं में थी और जिसके लिए कैप्टन गुरबचन सिंह सलारिया को मरणोपरांत सर्वोच्च युद्ध पदक परमवीर चक्र से सम्मानित किया गया था।

वीरता पुरस्कार का प्रमाण पत्र

"5 दिसंबर 1961 को, 3/1 गोरखा राइफल्स को एलिज़ाबेथविले, कटंगा में एक रणनीतिक बिंदु पर जेंडरमेरी द्वारा खड़ी की गई बाधा को दूर करने का आदेश दिया गया था। योजना यह थी कि 2 स्वीडिश बख्तरबंद कारों वाली एक कंपनी सामने से स्थिति पर हमला करेगी और कप्तान गुरबचन सिंह सलारिया गोरखाओं की दो टुकड़ियों और दो स्वीडिश बख्तरबंद कर्मियों के वाहक के साथ हवाई क्षेत्र से इस सड़क की ओर बढ़ते हुए एक काटने वाले बल के रूप में कार्य करेंगे।

कैप्टन सलारिया अपने छोटे बल के साथ 5 दिसंबर 1961 को लगभग 1312 बजे सड़क के 1500 गज के दायरे में आ गए और अपने दाहिने हिस्से में खोदी गई अज्ञात दुश्मन की स्थिति से स्वचालित और छोटे हथियारों से आग की चपेट में आ गए। दुश्मन के पास दो बख्तरबंद

कारें थीं और लगभग 90 आदमी कैप्टन सलारिया की छोटी सेना का विरोध कर रहे थे।

कैप्टन सलारिया ने इस बात की सराहना करते हुए कि उन्होंने एक सहायक बाधा और हमला किया था, और यह दुश्मन बल सामरिक दौर को मजबूत कर सकता है और इस तरह मुख्य ऑपरेशन को खतरे में डाल सकता है, विपक्ष को हटाने का फैसला किया। उन्होंने संगीनों, खुखरी और रॉकेट लांचरों द्वारा समर्थित हथगोले के साथ हमले का नेतृत्व किया। इस कारनामे में कैप्टन सलारिया ने 40 दुश्मनों को मार गिरायाकिया और दो बख्तरबंद कारों को मार गिराया। इस अप्रत्याशित साहसिक कार्रवाई ने शत्रु को पूरी तरह से निराश कर दिया, जो संख्यात्मक श्रेष्ठता और संरक्षित पदों के बावजूद भाग गया।

ऑटोमैटिक फायर से कैप्टन सलारिया गर्दन में जख्मी हो गए, लेकिन तब तक लड़ते रहे जब तक कि वे अत्यधिक खून बह जाने के कारण गिर नहीं गए। कैप्टन सलारिया की वीरतापूर्ण कार्रवाई ने मुख्य युद्ध क्षेत्र में दुश्मन सेना के किसी भी आंदोलन को रोक दिया और इस तरह गोलचक्कर पर मुख्य बटालियन के ऑपरेशन की सफलता में बहुत योगदान दिया और एलिजाबेथविले में संयुक्त राष्ट्र मुख्यालय के घेराव को रोका। बाद में कैप्टन सलारिया ने दम तोड़ दिया।

कैप्टन सलाइरा के व्यक्तिगत उदाहरण, व्यक्तिगत सुरक्षा के लिए पूर्ण अवहेलना और निडर नेतृत्व ने सोलह गोरखाओं के अपने छोटे लेकिन बहादुर बल को अपनी जमीन पर कब्जा करने, दुश्मन पर हावी होने और संख्या और सामरिक स्थिति में दुश्मन की श्रेष्ठता के बावजूद भारी हताहत करने के लिए प्रेरित किया।

कैप्टन गुरबचन सिंह सलारिया का नेतृत्व, साहस और कर्तव्य के प्रति अडिग समर्पण और व्यक्तिगत सुरक्षा की उपेक्षा हमारी सेना की सर्वश्रेष्ठ परंपराओं में थी।" भारत के सर्वोच्च युद्धकालीन सैन्य पुरस्कार परमवीर चक्र से सम्मानित किया गया।

पहाड़ी राजपूतों के कई योद्धा वंश हैं। सलारिया एक ऐसा कबीला है। सलारिया के अलावा कुछ अन्य सैनी कबीले, पहाड़ियों के राजपूतों के साथ ओवरलैप करते हैं: धमरैत (धमरियाल), मंगर (मंगवाल /

मंगराल), गहुनिया (गोहैना), ढेरी (ढेरिया), ओघरे (ओघियाल), गहिर (गहोत्रा), अननय (अनोत्रा)।), महेरू (महोत्रा), खार खत्री, फरद, बसुता (बसोतरा), मसुता (मसोत्रा), धनोता (धनोतरा), बिलोरिया, बाउंसर, जगैत (जग्गी), बडवाल, चंदेल, वैद, आदि।

उन्होंने किंग जॉर्ज स्कूल, जालंधर (अब मिलिट्री स्कूल, चायल के रूप में जाना जाता है) में अपनी शिक्षा शुरू की और खडकवासला में राष्ट्रीय रक्षा अकादमी में भाग लिया। 9 जून 1957 को पहली गोरखा राइफल्स (द मलुआन रेजिमेंट) में कमीशन किया गया, उन्हें रेजिमेंट की तीसरी बटालियन में नियुक्त किया गया। 1961 में, सलारिया कटंगा में एक बटालियन के साथ विदेशों में तैनात थे।

बेल्जियम के कांगो छोड़ने के बाद उस देश में गृह युद्ध की स्थिति पैदा हो गई। जब संयुक्त राष्ट्र ने स्थिति को बहाल करने के लिए सैन्य रूप से हस्तक्षेप करने का फैसला किया, तो भारत ने संयुक्त राष्ट्र में लगभग 3000 सैनिकों की एक ब्रिगेड का योगदान दिया। नवंबर 1961 में, संयुक्त राष्ट्र सुरक्षा परिषद ने कांगो में कटंगी बलों की शत्रुतापूर्ण गतिविधियों को समाप्त करने का निर्णय लिया। इसने कटंगा अलगाववादी नेता तशोम्बे को नाराज कर दिया और उनके 'यूएन हेट' अभियान को तेज कर दिया। इसके परिणामस्वरूप संयुक्त राष्ट्र के कर्मचारियों के खिलाफ अधिक हिंसा हुई।

5 दिसंबर 1961 को, 3 इंच मोर्टारों द्वारा समर्थित 3/1 जीआर कंपनी ने मुख्यालय कटंगा कमांड और एलिजाबेथविले एयरफील्ड के बीच अभियान के दौरान कटंगी बलों द्वारा स्थापित सड़क-ब्लॉक पर हमला किया। दुश्मन की बाधा को नष्ट कर दिया गया और गोरखाओं ने वहां संयुक्त राष्ट्र का रास्ता रोक दिया। जब कैप्टन सलारिया ने अपनी पलटन के साथ गोरखा कंपनी से जुड़ने की कोशिश की, तो उन्हें पुराने हवाई क्षेत्र में भारी विरोध का सामना करना पड़ा। दुश्मन ने दो बख़्तरबंद कारों और 90 आदमियों के साथ, इस क्षेत्र को एक मजबूत तरीके से ले लिया और दाहिनी ओर से खोदे गए स्थान से अपने सैनिकों पर भारी स्वचालित और छोटे हथियारों से आग लगा दी। दुश्मन की बेहतर ताकत और मारक क्षमता से निडर होकर, सलारिया ने उद्देश्य

हासिल करने के लिए दुश्मन को उलझाने का फैसला किया। गोरखाओं ने दुश्मन पर संगीनों, खुखरी और हथगोले से हमला किया। इस हमले में उनका साथ एक रॉकेट लॉन्चर ने दिया। इस भीषण मुठभेड़ में कैप्टन सलारिया और उनके लोगों ने 40 दुश्मन को मार गिराया और दुश्मन के दो वाहनों को नष्ट कर दिया। उनकी साहसिक कार्रवाई ने दुश्मन को पूरी तरह से निराश कर दिया, जो संख्यात्मक श्रेष्ठता और अच्छी स्थिति के बावजूद भाग गया। हालाँकि, सगाई के दौरान, कैप्टन सलारिया दुश्मन की स्वचालित आग से गर्दन में जख्मी हो गए थे। चोट को नजरअंदाज करते हुए, वह तब तक लड़ता रहा जब तक कि वह अत्यधिक खून बहने से गिर नहीं गया, फिर उसने दम तोड़ दिया।

कैप्टन सलारिया की कार्रवाइयों ने कटंगी विद्रोहियों को एलिजाबेथविले में संयुक्त राष्ट्र मुख्यालय को घेरने से रोक दिया। उनका नेतृत्व, साहस, कर्तव्य के प्रति अटूट समर्पण और अपनी व्यक्तिगत सुरक्षा के प्रति उपेक्षा भारतीय सेना की सर्वश्रेष्ठ परंपराओं में थी और जिसके लिए कैप्टन गुरबचन सिंह सलारिया को मरणोपरांत सर्वोच्च युद्ध पदक परमवीर चक्र से सम्मानित किया गया था।

वीरता पुरस्कार का प्रमाण पत्र

"5 दिसंबर 1961 को, 3/1 गोरखा राइफल्स को एलिज़ाबेथविले, कटंगा में एक रणनीतिक बिंदु पर जेंडरमेरी द्वारा खड़ी की गई बाधा को दूर करने का आदेश दिया गया था। योजना यह थी कि 2 स्वीडिश बख़्तरबंद कारों वाली एक कंपनी सामने से स्थिति पर हमला करेगी और कप्तान गुरबचन सिंह सलारिया गोरखाओं की दो टुकड़ियों और दो स्वीडिश बख्तरबंद कर्मियों के वाहक के साथ हवाई क्षेत्र से इस सड़क की ओर बढ़ते हुए एक काटने वाले बल के रूप में कार्य करेंगे।

कैप्टन सलारिया अपने छोटे बल के साथ 5 दिसंबर 1961 को लगभग 1312 बजे सड़क के 1500 गज के दायरे में आ गए और अपने दाहिने हिस्से में खोदी गई अज्ञात दुश्मन की स्थिति से स्वचालित और छोटे हथियारों से आग की चपेट में आ गए। दुश्मन के पास दो बख़्तरबंद कारें थीं और लगभग 90 आदमी कैप्टन सलारिया की छोटी सेना का विरोध कर रहे थे।

कैप्टन सलारिया ने सराहना की कि सहायक ने अवरोधन किया और हमला किया और दुश्मन सेना रणनीतिक दौर को मजबूत कर सकती थी और वह भीइस आपत्ति को दूर करने का निर्णय लिया गया कि उले मुख्य ऑपरेशन को खतरे में डाल सकता है। उन्होंने संगीनों, खुखरी और रॉकेट लांचरों द्वारा समर्थित हथगोले के साथ हमले का नेतृत्व किया। इस कारनामे में कैप्टन सलारिया ने दुश्मन के 40 जवानों को मार गिराया और दो बख्तरबंद वाहनों को नष्ट कर दिया। इस अप्रत्याशित साहसिक कार्रवाई ने शत्रु को पूरी तरह से निराश कर दिया, जो संख्यात्मक श्रेष्ठता और संरक्षित पदों के बावजूद भाग गया।

ऑटोमैटिक फायर से कैप्टन सलारिया गर्दन में जख्मी हो गए, लेकिन तब तक लड़ते रहे जब तक कि वे अत्यधिक खून बह जाने के कारण गिर नहीं गए। कैप्टन सलारिया की वीरतापूर्ण कार्रवाई ने मुख्य युद्ध क्षेत्र में दुश्मन सेना के किसी भी आंदोलन को रोक दिया और इस तरह गोलचक्कर पर मुख्य बटालियन के ऑपरेशन की सफलता में बहुत योगदान दिया और एलिजाबेथविले में संयुक्त राष्ट्र मुख्यालय के घेराव को रोका।

बाद में कैप्टन सलारिया ने दम तोड़ दिया।

कैप्टन सलाइरा के व्यक्तिगत उदाहरण, व्यक्तिगत सुरक्षा के लिए पूर्ण अवहेलना और निडर नेतृत्व ने सोलह गोरखाओं के अपने छोटे लेकिन बहादुर बल को अपनी जमीन पर कब्जा करने, दुश्मन पर हावी होने और संख्या और सामरिक स्थिति में दुश्मन की श्रेष्ठता के बावजूद भारी हताहत करने के लिए प्रेरित किया।

कैप्टन गुरबचन सिंह सलारिया का नेतृत्व, साहस और कर्तव्य के प्रति असीम समर्पण और व्यक्तिगत सुरक्षा के प्रति उपेक्षा हमारी सेना की सर्वश्रेष्ठ परंपराएं हैं।

26

ब्रिगेडियर कुलदीप सिंह चांदपुरी

ब्रिगेडियर कुलदीप सिंह चांदपुरी

Scan for Story Videos - www.itibook.com

ब्रिगेडियर कुलदीप सिंह चांदपुरी एमवीसी, वीएसएम (22 नवंबर 1940 - 17 नवंबर 2018) भारतीय सेना के एक सम्मानित अधिकारी थे। 2 उन्हें 1971 के भारत-पाकिस्तान युद्ध के दौरान लोंगेवाला की लड़ाई में उनके नेतृत्व के लिए जाना जाता है, जिसके लिए उन्हें भारत सरकार द्वारा दूसरे सर्वोच्च भारतीय सैन्य अलंकरण महावीर चक्र से सम्मानित किया गया था। 1997 में सनी देओल अभिनीत सीमा युद्ध पर आधारित एक हिंदी फिल्म। 3 4 वह 2006 से 2011 तक चंडीगढ़ नगर निगम में पार्षद थे।

कुलदीप सिंह चांदपुरी का जन्म 22 नवंबर 1940 को मोंटगोमरी, पंजाब, ब्रिटिश भारत (अब पंजाब, पाकिस्तान) में एक सिख परिवार में हुआ था। 5 उसके बाद उनका परिवार बलचौर में उनके पैतृक गांव चांदपुर रुड़की चला गया। वे एनसीसी के सक्रिय सदस्य थे और सरकारी कॉलेज होशियारपुर से स्नातक करने के बाद 1962 में एनसीसी की परीक्षा पास की। 5 चांदपुरी उनके परिवार की तीसरी पीढ़ी थे जिन्होंने भारतीय सेना में एक अधिकारी के रूप में सेवा की थी। उनके दोनों छोटे

चाचा भारतीय वायु सेना में फ्लाइंग ऑफिसर थे। चांदपुरी अपने माता-पिता की इकलौती संतान थे।

1963 में, चांदपुरी को ऑफिसर्स ट्रेनिंग एकेडमी, चेन्नई से तीसरी बटालियन, पंजाब रेजिमेंट (तीसरी पंजाब) में नियुक्त किया गया था, जो भारतीय सेना में सबसे पुरानी और सबसे सुशोभित रेजिमेंटों में से एक है। उन्होंने 1965 के भारत-पाकिस्तान युद्ध में पश्चिमी क्षेत्र में भाग लिया। युद्ध के बाद, उन्होंने गाजा (मिस्र) में संयुक्त राष्ट्र आपातकालीन बल (यूएनईएफ) के साथ एक वर्ष सेवा की। उन्होंने मध्य प्रदेश के महू में प्रतिष्ठित इन्फैंट्री स्कूल में प्रशिक्षक के रूप में दो बार सेवा की।

कुलदीप सिंह चांदपुरी 23 पंजाब के प्रमुख थे जब 1971 के भारत-पाकिस्तान युद्ध की शुरुआत में पाकिस्तानी सेना ने राजस्थान, भारत में लोंगेवाला चौकी पर हमला किया था। अत्यधिक प्रतिकूल परिस्थितियों के बावजूद चांदपुरी और उनकी 120 सैनिकों की कंपनी ने चौकी की रक्षा की। 22वीं आर्मर्ड रेजीमेंट द्वारा समर्थित पाकिस्तानी 51वीं इन्फैंट्री ब्रिगेड की 2000-3000 मजबूत हमला सेना। चांदपुरी और उनकी कंपनी ने रात भर पाकिस्तानियों को तब तक घेरा जब तक कि सुबह भारतीय वायु सेना हवाई सहायता के लिए नहीं पहुंच गई।

चांदपुरी ने अपने आदमियों को एक बंकर से दूसरे बंकर में जाने के लिए प्रेरित किया, उन्हें सुदृढीकरण आने तक दुश्मन को हराने के लिए प्रोत्साहित किया। चांदपुरी और उसके लोगों ने दुश्मन को भारी नुकसान पहुंचाया और बारह टैंकों को पीछे छोड़ते हुए उन्हें पीछे हटने पर मजबूर कर दिया। उनकी असाधारण बहादुरी और नेतृत्व के लिए, चांदपुरी को भारत सरकार द्वारा महावीर चक्र (एमवीसी) से सम्मानित किया गया था।

चांदपुरी सेना से ब्रिगेडियर के पद से सेवानिवृत्त हुए थे।

मेजर कुलदीप सिंह चांदपुरी पंजाब रेजिमेंट की एक कंपनी की कमान संभाल रहे थे, जिसने राजस्थान सेक्टर में एक संरक्षित क्षेत्र पर कब्जा कर लिया था। 5 दिसंबर, 1971 को इस क्षेत्र पर दुश्मन ने सुबह-सुबह पैदल सेना और टैंकों से भारी हमला किया। मेजर चांदपुरी ने

अपनी कमान को अक्षुण्ण और स्थिर रखने के लिए गतिशील नेतृत्व का परिचय दिया।

असाधारण साहस और दृढ़ संकल्प दिखाते हुए, उन्होंने अपने लोगों को बंकर से बंकर तक ले जाया और उन्हें दुश्मन को तब तक हराने के लिए प्रोत्साहित किया जब तक कि सुदृढीकरण नहीं आ गया। इस वीरतापूर्ण बचाव में, उन्होंने दुश्मन पर भारी वार किए और बारह टैंकों को पीछे छोड़ते हुए उन्हें पीछे हटने के लिए मजबूर कर दिया।

इस कार्रवाई में, मेजर कुलदीप सिंह चांदपुरी ने भारतीय सेना की सर्वोच्च परंपराओं में असाधारण वीरता, प्रेरणादायक नेतृत्व और असाधारण कर्तव्यपरायणता का परिचय दिया।

27

कप्तान अनुज नैय्यर

कप्तान अनुज नैय्यर

Indian Army

Scan for Story Videos - www.itibook.com

कैप्टन अनुज नय्यर का जन्म 28 अगस्त 1975 को दिल्ली में हुआ था और वे भी वहीं पले-बढ़े। उनके पिता एसके नैय्यर दिल्ली स्कूल ऑफ इकोनॉमिक्स में विजिटिंग प्रोफेसर के रूप में काम करते थे, जबकि उनकी मां मीना नय्यर दिल्ली विश्वविद्यालय के साउथ कैंपस लाइब्रेरी के लिए काम करती थीं। कैप्टन नय्यर ने अपनी स्कूली शिक्षा आर्मी पब्लिक स्कूल, नई दिल्ली से पूरी की और 1993 बैच के थे। वह एक मेधावी छात्र था जिसने शिक्षा के साथ-साथ खेलों में भी लगातार उत्कृष्ट प्रदर्शन किया। उन्होंने राष्ट्रीय रक्षा अकादमी (90वां कोर्स, इको स्क्वाड्रन) से स्नातक किया और बाद में जून 1997 में जाट रेजीमेंट की 17वीं बटालियन में कमीशन प्राप्त किया।

कारगिल युद्ध: 07 जुलाई 1999

1999 के दौरान, कैप्टन अनुज नय्यर की यूनिट को जम्मू-कश्मीर में LOC पर तैनात किया गया था। 1999 में, भारतीय सेना ने जम्मू और कश्मीर के कारगिल क्षेत्र में पाकिस्तानी सेना और अर्धसैनिक बलों

द्वारा बड़े पैमाने पर घुसपैठ की खोज की। पाकिस्तानी घुसपैठियों को भारतीय क्षेत्र से बाहर खदेड़ने के लिए सेना ने तेजी से अपनी सेना जुटाई। 17 जाट रेजिमेंट में एक जूनियर कमांडर, कैप्टन नैय्यर, इस क्षेत्र में तैनात 500,000 से अधिक भारतीय सैनिकों में से एक थे। अपने पहले बड़े ऑपरेशन में पं. 4875, जिसे पिंपल II के नाम से भी जाना जाता है, टाइगर हिल के पश्चिम में एक रणनीतिक पर्वत शिखर है जो पाकिस्तानी घुसपैठियों द्वारा आयोजित किया गया था। सामरिक स्थान के कारण पं. 4875 भारतीय सेना के लिए सर्वोच्च प्राथमिकता थी। समुद्र तल से 15,990 फीट की ऊंचाई पर, चोटी की ढलान बहुत खड़ी थी। अगर टाइगर हिल पर फिर से कब्जा करना है तो कारगिल में पं. 4875 से पाकिस्तानी नियमित लोगों को निकालना महत्वपूर्ण था। कैप्टन नय्यर की चार्ली कंपनी को 07 जुलाई 1999 को बिना किसी हवाई सहायता की प्रतीक्षा किए चोटी को सुरक्षित करने का काम सौंपा गया था।

पं। पर हमले के शुरुआती चरणों में। 4875, कैप्टन नय्यर की कंपनी कमांडर मेजर रितेश शर्मा घायल हो गए और उन्हें निकाला गया। कारगिल युद्ध के दौरान कैप्टन के पद पर पदोन्नत हुए कैप्टन नैय्यर ने कंपनी कमांडर के रूप में कार्यभार संभाला। शुरुआती झटकों के बाद, हमलावर टीम दो समूहों में विभाजित हो गई, एक कप्तान विक्रम बत्रा के नेतृत्व में और दूसरा कप्तान नय्यर के नेतृत्व में। पं. पर पाकिस्तानी घुसपैठियों ने बनाए थे कई बंकर 4875 और कैप्टन नय्यर की टीम, जिसमें 7 जवान, 4 दुश्मन के बंकर शामिल हैं। कंपनी पं. 4875 इस बीच वे पाकिस्तानी घुसपैठियों से भारी तोपखाने और मोर्टार आग की चपेट में आ गए। हालांकि, सेना ने जवाबी हमला किया, जिसमें आमने-सामने की लड़ाई शामिल थी, जिससे पाकिस्तानी सैनिकों को पीछे हटने के लिए मजबूर होना पड़ा। लड़ाई के दौरान, कैप्टन नैय्यर ने 9 पाकिस्तानी सैनिकों को मार गिराया और तीन मध्यम मशीन गन बंकरों को नष्ट कर दिया।

कैप्टन नय्यर के नेतृत्व में, कंपनी ने सफलतापूर्वक चार बंकरों में से तीन को साफ कर दिया और अंतिम शेष बंकर पर हमला शुरू कर दिया।

चौथे बंकर को साफ करते समय, दुश्मन के रॉकेट-चालित ग्रेनेड ने सीधे कैप्टन नैय्यर को टक्कर मार दी। गंभीर रूप से घायल होने के बावजूद, कैप्टन नय्यर ने अपनी कंपनी के बाकी लोगों का नेतृत्व करना जारी रखा। पं। पर अंतिम बंकर को साफ करने से पहले उन्होंने दम तोड़ दिया। 4875. कैप्टन नैय्यर की चार्ली कंपनी की टीम का एक भी सैनिक इस लड़ाई में जीवित नहीं बचा। दो दिन बाद पं. 4875 को सुरक्षित कर लिया गया, इस पर पाकिस्तानी घुसपैठियों द्वारा जवाबी हमला किया गया, जिसके दौरान कप्तान बत्रा के नेतृत्व में चार्ली कंपनी की दूसरी टीम ने सफलतापूर्वक शिखर का बचाव किया। पिंपल कॉम्प्लेक्स क्षेत्र को सुरक्षित करने से टाइगर हिल पर फिर से कब्जा करने का मार्ग प्रशस्त हुआ जिसने अंततः पाकिस्तान को अपनी सेना को पूर्व-संघर्ष की स्थिति में वापस लेने के लिए मजबूर किया।

कैप्टन नैय्यर ने विपरीत परिस्थितियों में मोर्चे से नेतृत्व करते हुए दुश्मन का सामना करने में अदम्य साहस और वीरता का परिचय दिया। उनका साहस और नेतृत्व उनके सैनिकों के लिए प्रेरणा थे। उनकी सेना के सदस्यों पर उनका इतना गहरा प्रभाव था कि जाट रेजिमेंट के साथी तेजबीर सिंह ने कैप्टन अनुज नैय्यर के सम्मान में अपने बेटे का नाम अनुज रखा। कैप्टन अनुज नय्यर को उनकी असाधारण बहादुरी, अदम्य लड़ाई की भावना और सर्वोच्च बलिदान के लिए देश के दूसरे सर्वोच्च वीरता पुरस्कार, "महावीर चक्र" से सम्मानित किया गया।

6 जुलाई, 1999 को, चार्ली कंपनी को मुश्कोह घाटी में पॉइंट 4875 के पश्चिमी ढलान पर पिंपल कॉम्प्लेक्स का हिस्सा थे, जो एक उद्देश्य पर कब्जा करने का काम सौंपा गया था। हमले की शुरुआत में, कंपनी कमांडर घायल हो गया और कंपनी की कमान कैप्टन अनुज नय्यर के पास चली गई। कैप्टन नय्यर ने अपनी प्रमुख पलटन को दुश्मन के भारी तोपखाने और मोर्टार फायर के तहत हमला करने का आदेश दिया। जैसे ही प्लाटून आगे बढ़ा, अग्रणी खंड ने 3 से 4 दुश्मन की स्थिति की सूचना दी। कैप्टन नय्यर दुश्मन की पहली स्थिति की ओर बढ़े और रॉकेट लांचर से गोलाबारी की और उसमें एक ग्रेनेड गिरा दिया।

उसके बाद इस धड़े ने कैप्टन नायर के साथ मिलकर मारपीट कर स्थिति साफ की। दुश्मन, जो अच्छी तरह से घुसा हुआ था, ने स्वचालित आग की जबरदस्त गर्जना की। कप्तान अनुज नय्यर ने अपनी व्यक्तिगत सुरक्षा के बारे में परवाह न करते हुए अपने आदमियों को प्रेरित किया और दुश्मन के दो और ठिकाने साफ कर दिए। चौथा स्थान खाली करने के दौरान, दुश्मन के एक रॉकेट-चालित ग्रेनेड ने अधिकारी को मौके पर ही मार डाला। कैप्टन अनुज नय्यर के नेतृत्व में इस ऑपरेशन के परिणामस्वरूप दुश्मन के नौ सैनिक मारे गए और दुश्मन के तीन मध्यम मशीनगन ठिकानों को नष्ट कर दिया गया। इस वीर अधिकारी की उत्कृष्ट व्यक्तिगत वीरताथोड़े झटके के बाद, उनकी बहादुरी और अनुकरणीय कनिष्ठ नेतृत्व के कारण ऑपरेशन सफल रहा। कैप्टन अनुज नय्यर ने अदम्य दृढ़ संकल्प, साहस और दृढ़ संकल्प का प्रदर्शन किया और भारतीय सेना की सच्ची परंपरा में सर्वोच्च बलिदान देने और कर्तव्य की पुकार से परे जाकर व्यक्तिगत उदाहरण से अपनी कमान को प्रेरित किया।